Mindfulness Para la Salud de tu Cerebro

Atención Plena Fundamentad Explicado de Forma Sencilla, para la Claridad, la Paz y la Felicidad

Dra. Sui H. Wong MD FRCP

© Copyright 2024 - Todos los derechos reservados.

El contenido de este libro no puede ser reproducido, duplicado o transmitido sin el permiso directo por escrito del autor o del editor.

Bajo ninguna circunstancia se podrá culpar o responsabilizar legalmente a la editorial, o al autor, por cualquier daño, reparación o pérdida monetaria debida a la información contenida en este libro, ya sea directa o indirectamente.

Aviso legal:

Este libro está protegido por derechos de autor. Es solo para uso personal. No puede modificar, distribuir, vender, utilizar, citar o parafrasear ninguna parte o el contenido de este libro sin el consentimiento del autor o del editor.

Aviso de exención de responsabilidad:

Tenga en cuenta que la información contenida en este documento es solo para fines educativos y de entretenimiento. Se ha hecho todo lo posible por presentar una información exacta, actualizada, fiable y completa. No se declaran ni se implican garantías de ningún tipo. Los lectores reconocen que el autor no se dedica a prestar asesoramiento jurídico, financiero, médico o profesional. El contenido de este libro procede de diversas fuentes. Por favor, consulte a un profesional licenciado antes de intentar cualquier técnica descrita en este libro.

Al leer este documento, el lector acepta que, bajo ninguna circunstancia, el autor es responsable de cualquier pérdida, directa o indirecta, en la que se incurra como resultado del uso de la información contenida en este documento, incluyendo, pero no limitado a, errores, omisiones o inexactitudes.

EBH Press. EBHpress.com

Copyright © Dr Sui H. Wong, 2024

ISBN: 978-1-7385581-4-8 (Paperback) 78-1-917353-00-7 (eBook)

Contenido

INTRODUCCIÓN: LA CIENCIA DE LA ATENCIÓN PLENA 3
    QUÉ NOS FRENA 4
    ATENCIÓN PLENA Y NEUROPLASTICIDAD 6
    LA POPULARIDAD DE LA ATENCIÓN PLENA 7
    MI PASIÓN POR LA ATENCIÓN PLENA 8

CAPÍTULO 1: EXPLORANDO LA NEUROPLASTICIDAD 11
    SEÑALES IMPORTANTES DEL CEREBRO 12
    ADOPTANDO LA PRÁCTICA 13
    LA IMPORTANCIA DE TENER LOS PIES EN LA TIERRA 14
    IDEAS CONSCIENTES PARA TENER LOS PIES EN LA TIERRA 15
        Puntos clave 18

CAPÍTULO 2: LA ATENCIÓN PLENA Y EL CEREBRO 21
    QUÉ SABEMOS DEL CEREBRO 22
        Los cuatro lóbulos 22
        El cerebelo 23
        El tronco encefálico 23
    CÓMO LAS PRÁCTICAS DE ATENCIÓN PLENA PUEDEN MOLDEAR EL CEREBRO 24
        Atención Plena regular 25
    IDEAS CONSCIENTES PARA MEJORAR LA SALUD CEREBRAL 29
        Puntos clave 31

CAPÍTULO 3: MEMORIA Y ATENCIÓN PLENA 35
    EL PODER DE LA MENTE Y LA MEMORIA 35
        Memoria episódica y de trabajo 36
        Toma de notas mentales 37
    ENTRENAMIENTO CEREBRAL PARA LA MEMORIA 38
    IDEAS CONSCIENTES PARA LA MEMORIA 39
        Puntos clave 42

CAPÍTULO 4: AUMENTAR EL FUNCIONAMIENTO COGNITIVO MEDIANTE TÉCNICAS DE ATENCIÓN PLENA 45
    ESTIMULANDO EL CEREBRO 46
        Yoga holístico 47

  Meditación consciente 48
  Otras técnicas de meditación 49
 INTELIGENCIA EMOCIONAL 51
 IDEAS CONSCIENTES PARA EL ESTADO DE ALERTA Y LA INTELIGENCIA EMOCIONAL 52
  Puntos clave 55

CAPÍTULO 5: ENTENDIENDO EL ESTRÉS: UN ENFOQUE CONSCIENTE 59

 EL IMPACTO DEL ESTRÉS 60
 EXPERIENCIAS DE VIDA 61
 IDEAS CONSCIENTES PARA CONTROLAR EL ESTRÉS 62
  Puntos clave 64

CAPÍTULO 6: CÓMO DEJARSE LLEVAR CON MEDITACIONES DIARIAS 67

 DESAPEGO SALUDABLE 68
  Límites en el trabajo 69
  Límites en la familia 70
  Límites en el hogar 71
  Límites en las relaciones 72
 DESATASCARTE 73
 IDEAS CONSCIENTES PARA UN DESAPEGO SANO 73
  Puntos clave 76

CAPÍTULO 7: VIVIR CON TRANQUILIDAD 79

 VIVIR TRANQUILO, NO DE FORMA PERFECTA 80
  Eliminar de los elementos físicos 80
  Eliminar las decisiones 81
  Tu Grupo Central 81
 ENTENDIENDO QUIÉN NECESITAS SER 82
  Una pregunta sencilla 83
 IDEAS CONSCIENTES PARA LA PAZ Y LA RESISTENCIA 84
  Puntos clave 86

CAPÍTULO 8: RESPIRACIÓN CONSCIENTE PARA LA JORNADA LABORAL 89

 ¿QUÉ ES REALMENTE EL TRABAJO? 90
 EVALUACIÓN DEL ESTRÉS LABORAL 91
  Estrés físico en el trabajo 92
  Estrés emocional en el trabajo 92
  Estrés organizativo en el trabajo 92
 PERSPECTIVA LABORAL 93
 EJERCICIOS DE RESPIRACIÓN CONSCIENTE 94
  Respiración de anclaje 95
  Respiración en caja 96
  La respiración 4-3-7 y el suspiro cíclico 96
 IDEAS CONSCIENTES PARA LA PRODUCTIVIDAD 97

Puntos clave *100*

CAPÍTULO 9: LA DIGESTIÓN Y TÚ: UN ENFOQUE CONSCIENTE DEL CONTROL DEL PESO **103**

ALIMENTACIÓN CONSCIENTE 104
CONTROL DEL PESO 106
IDEAS CONSCIENTES PARA COMER SANO 108
    Puntos clave *110*

CAPÍTULO 10: DORMIR CON PAZ Y PROPÓSITO **113**

¿POR QUÉ DORMIR? 114
LA PRÁCTICA DE CREAR CALMA 115
    Incorporar actividades físicas y mentales *116*
    Encuentra el confort *117*
    Guarda los aparatos electrónicos *117*
    Limita la comida y la bebida *118*
IDEAS CONSCIENTES PARA DORMIR MEJOR 118
    Puntos clave *121*

CAPÍTULO 11: TRATAMIENTO DEL DOLOR Y RELAJACIÓN CORPORAL **125**

LA VERDAD SOBRE EL DOLOR 125
ATENCIÓN PLENA Y TRASTORNOS NEUROLÓGICOS 127
ESPERANZA PARA EL TRATAMIENTO DEL DOLOR 128
    Exploraciones corporales para tratar el dolor *128*
    Terapia de reprocesamiento del dolor *129*
IDEAS CONSCIENTES PARA AYUDAR A CONTROLAR EL DOLOR 130
    Puntos clave *132*

CAPÍTULO 12: ATENCIÓN PLENA EN EL ATLETISMO **135**

LA MENTE DE UN ATLETA 136
LA PERCEPCIÓN ERRÓNEA DE LA ATENCIÓN PLENA EN EL ATLETISMO 137
VISUALIZACIÓN PARA DEPORTISTAS 139
IDEAS CONSCIENTES PARA EL RENDIMIENTO CORPORAL 140
    Puntos clave *143*

CAPÍTULO 13: SER PADRES DE MANERA CONSCIENTE **147**

ETAPAS DE ATENCIÓN PLENA 148
    Atención plena para bebés *148*
    Atención plena para niños *149*
    Atención plena para adultos *150*
ESTABLECER NORMAS DE CRIANZA REALISTAS 150
LAS NECESIDADES DE UN PADRE 152
    Tomar descansos *152*
    Puntos clave *153*

CAPÍTULO 14: LA ATENCIÓN PLENA A CUALQUIER EDAD 157
La mente de un niño 157
Envejecer con dignidad 158
Cómo mantener la atención plena 159
Qué te depara el futuro 160
Puntos clave *161*

CONCLUSIÓN 165
¿Qué te espera ahora? 165

APÉNDICE 170

GLOSARIO 171

REFERENCIAS 175
Referencia de las imágenes 184

Este libro está dedicado a mi madre y a mi difunto padre.

Introducción:

La ciencia de la Atención Plena

¿Has tenido días en los que te has sentido insatisfecho con tu vida? ¿Días en los que esa voz crítica interior te dice: "No eres lo suficientemente bueno"? ¿Te encuentras a ti mismo comparándote con otras personas, amigos, familiares o compañeros de trabajo, pensando que ellos sí que parecen haber triunfado en la vida? *¿Por qué no puedes tú ser así?*

Las redes sociales no han contribuido a ello, ya que nos ofrecen una visión muy filtrada de la vida de los demás. Esto no solo afecta a niños y adolescentes, sino a todos los grupos de edad. Cuando constantemente vemos fotos y videos impolutos de lo que hacen otras personas, puede ser difícil recordar que lo que hacen los demás puede no trasladarse a nuestras propias vidas. Además, lo que vemos es solo una instantánea, un momento en el tiempo.

Tal vez pienses que eres la única persona que lo hace, pero lo cierto es que no eres la única. Todos somos propensos a la comparación social. Contextualizarnos en grupos sociales forma parte de nuestra autodefinición. Nos ayuda a responder algunas de esas preguntas básicas que tenemos sobre nosotros mismos: ¿Quién soy? ¿Quién quiero ser? Pero esto solo es valioso hasta cierto punto. Las comparaciones negativas constantes pueden provocar insatisfacción, sentimientos de inadecuación y, con el tiempo, ser perjudiciales para nuestra salud emocional.

Al reflexionar sobre mi trayectoria hasta que llegué a ser neuróloga, me doy cuenta de que alcanzar el éxito, sobre todo en campos tan competitivos como la medicina, a menudo fomenta una mentalidad de escasez. En mi afán por ser admitida en la facultad de medicina, me esforcé por sobresalir académicamente, impulsada por la percepción de que las plazas disponibles eran limitadas. También me preocupaba mucho. Esta mentalidad me llevó a adoptar un enfoque orientado a la comparación, midiéndome constantemente con los demás y preocupándome por los resultados negativos. He llegado a reconocer los efectos perjudiciales de esta mentalidad y he trabajado activamente para cultivar la autocompasión y la bondad.

Ahora me apasiona explorar el impacto de la mentalidad en el bienestar, tanto en mi práctica profesional como en mi vida personal. En vez de perpetuar el ciclo de la comparación, la preocupación y el exceso de pensamiento, me esfuerzo por promover una cultura de generosidad, autocompasión y comprensión. A través de mi trabajo, intento animar a los demás a que sean amables consigo mismos y con los demás, reconociendo que el verdadero éxito no se mide por la comparación, sino por la realización interior y la conexión genuina.

¿Cómo podemos los que sobrepensamos las cosas, todo lo que nos rodea, encontrar más paz, ser menos autocríticos y sentirnos menos abrumados? ¿Y qué beneficios para la salud cerebral podríamos descubrir en el proceso? En este viaje descubrí la Atención Plena (o también llamado Mindfulness en inglés).

El poder de la Atención Plena para nuestro cerebro constituye el núcleo de este libro. Me emociona compartir este viaje contigo y espero que, a medida que leas los próximos capítulos, encuentres las respuestas que has estado buscando a las preguntas anteriores y a muchas más.

Qué nos frena

Si a menudo te planteas cómo hacer cambios positivos en tu vida o buscas mejoras en alguna práctica que hayas iniciado, no estás solo en esta búsqueda. Todos podemos entender el principio, pero no es hasta que nos metemos de lleno en él cuando descubrimos lo difícil que puede llegar a ser.

La realidad de la condición humana es que el cambio suele intimidar y no es raro sentirse aburrido o distraído, inquieto o confuso. Todos queremos resultados rápidos, una solución rápida, así que es muy fácil desanimarse o frustrarse y abandonar cuando las cosas se ponen un poco difíciles. ¿Te resulta familiar? Piensa en la cantidad de propósitos de Año Nuevo que se tiran a la basura a finales de enero. Sin embargo, la perseverancia tiene su recompensa.

Te daré un ejemplo de cuánto poder puede tener la mente sobre una persona. Correr era mi némesis hace 30 años. Quería que el running formara parte de mi rutina de entrenamiento físico, aceptar el reto de correr medias maratones o maratones completas. Cuando salí a correr por primera vez, me horrorizó no poder correr ni una manzana sin tener que parar para recuperar el aliento. Sabía que tenía que desarrollar mi resistencia al correr, así que seguí un programa que controlaba mi ritmo cardíaco y me permitía desarrollar mi resistencia con el tiempo. Durante muchos días, esta forma de entrenar me resultó tediosa. Con el programa que había elegido, tenía que mantener un ritmo lento para aumentar mi resistencia, pero al ritmo al que corría, cualquiera que estuviera a mi lado podría pasarme a paso ligero.

Me frustraba mi progreso tan lento. *¿Por qué me cuesta tanto?* me decía. *¿Seré capaz algún día de correr una milla, por no hablar de un maratón?* Estos pensamientos solo hacían que mi mente se frustrara más y se estresara con mi falta de progreso.

Un día, después de semanas sintiendo que no mejoraba, me concentré en la forma en que inhalaba y exhalaba al correr. Eso fue años antes de saber lo que era el entrenamiento de Atención Plena o consciente, así que no sabía muy bien lo que estaba haciendo, pero descubrí que centrarme en la sensación de cada paso mientras inhalaba y exhalaba me permitía establecer un ritmo constante y manejable mientras corría. Al concentrarme en la respiración, también me di cuenta de que mi mente permanecía en el momento, dejando que la respiración y el ritmo de mis pasos me guiaran. Esto me ayudó a estar más relajada y a vivir el momento mientras corría.

Aunque puede que correr no sea uno de tus bloqueos mentales en la vida, voy a suponer que alguna actividad te provoca ansiedad o estrés cuando piensas en ella, y cuanto más te fijas en esta actividad, más preocupado te vuelves. A menudo pensamos en conversaciones que tememos, tareas cotidianas que no queremos realizar o experiencias angustiosas en las que nos preocupa participar. Estos sentimientos son naturales, ya que todos pensamos demasiado en algún momento de nuestras vidas, pero cuando esto ocurre, tenemos dos opciones. O bien podemos obsesionarnos con estas ideas y seguir sintiéndonos peor, o bien podemos hacer algo al respecto y aprender a manejar nuestras emociones con calma y serenidad. La clave para hacer esto último puede desbloquearse con la práctica de la Atención Plena.

Atención Plena y neuroplasticidad

Aunque aprender a mantener una actitud consciente puede no hacer que nos enamoremos de las tareas que no queremos hacer, esta práctica puede crear en nuestra mente un estado más relajado que nos permita tener una percepción cómoda de lo que nos rodea. Este cambio nos permite convertirnos en un observador de cualquier problema o pensamiento ansioso que estemos teniendo, en lugar de seguir siendo un participante vulnerable en una experiencia miserable que no nos hace bien.

Entonces, ¿en qué consiste esta idea aparentemente extraordinaria que puede conducir a experiencias más satisfactorias en la vida? Aunque la idea de la Atención Plena tiene diversos significados para las distintas personas, el concepto se reduce principalmente a crear conciencia de una experiencia. A menudo asociamos la Atención Plena únicamente con la práctica de la meditación y con "despejar la mente", pero es mucho más que eso. En lugar de no pensar en nada o intentar despejar la mente por completo, lo cual es casi imposible, la práctica de la Atención Plena nos ofrece la oportunidad de permanecer presentes en nuestro momento actual y actuar como observadores de nuestros pensamientos.

No se puede negar que practicar cómo crear un estado de Atención Plena es difícil. Para muchos, la idea de tomarse el tiempo para reducir la velocidad o añadir otra práctica a su ya apretada agenda no parece factible. Esto suena válido cuando piensas en la Atención Plena como una actividad separada que tienes que añadir a tu día, pero cuando piensas en ello como algo conectado a todo lo que haces, se convierte en una búsqueda más realista.

En estudios sobre el cerebro, los científicos han descubierto cambios visibles que se producen en la materia cerebral como resultado directo de que una persona aprenda a practicar la Atención Plena, concretamente con una práctica de meditación. En un estudio, los científicos llegaron a la conclusión de que incluso una práctica a corto plazo de la atención plena puede alterar la capacidad del cerebro para aumentar la resolución de conflictos y el control emocional (Tang et al., 2012). Dado que la neuroplasticidad, o plasticidad cerebral, significa que nuestros cerebros son capaces de cambiar para adaptarse o responder a estímulos internos y externos, las prácticas de Atención Plena que incorporamos pueden tener efectos duraderos en nuestra percepción (Puderbaugh & Emmady, 2023).

La popularidad de la Atención Plena

¿Has notado que la idea de Atención Plena y autocuidado parece haberse filtrado aún más en nuestro mundo en la última década? No es casualidad que en los últimos diez o veinte años haya crecido el interés por la calma y la ausencia de estrés.

Entonces, ¿por qué es ahora tan popular la práctica de la Atención Plena? Si bien los investigadores tienen muchas teorías para responder a esta pregunta, han llegado a varias conclusiones principales. La más destacada parece estar relacionada con el rápido crecimiento del estrés al que se enfrenta la sociedad a diario, la desestigmatización de los problemas de salud mental y las pruebas científicas más prometedoras de que las prácticas conscientes son beneficiosas para la salud cerebral (Bernstein et al., 2019). Aunque puede ser desalentador saber que las circunstancias estresantes han justificado la popularidad de una práctica, puedes consolarte con el hecho de que, con sus beneficios y desestigmatización, la incorporación de la Atención Plena en las escuelas, los lugares de trabajo y la cultura general seguirá beneficiando a esta práctica en auge.

Mi pasión por la Atención Plena

Quisiera dedicar un momento a presentarme. Desde hace mucho tiempo me han fascinado las funciones y los misterios del cerebro humano. Como neuróloga y neurooftalmóloga, trabajo con pacientes que padecen diversas afecciones, y he dedicado más de veinte años de mi vida a la neurología y la neurociencia. Mientras que los médicos y científicos están aprendiendo más en este campo cada día, mi investigación me ha llevado a ver lo impactante que es la práctica de la Atención Plena para el tratamiento y cuidado de un paciente. Además de mi formación médica, he completado la formación como hipnoterapeuta y he encontrado una pasión por la enseñanza del yoga y la Atención Plena a los demás.

Me he dedicado a llevar la Atención Plena al ámbito médico y neurológico, a través de una investigación de calidad. Como parte de esta pasión y dedicación, he dirigido y entregado ensayos de investigación clínica con la Atención Plena como una intervención de tratamiento para condiciones neurológicas, y continúo trabajando incansablemente en esta área para mejorar los resultados de los pacientes.

Mi objetivo como médico, investigadora y escritora es capacitar a los demás con información de calidad que les ayude a mejorar su bienestar. En mi práctica clínica, a menudo veo pacientes que desconocen los pasos que pueden dar para mejorar su salud física y mental. También me encuentro con muchos pacientes que parecen confundidos acerca de los beneficios que puede ofrecer una práctica consciente.

Aunque he escrito muchos artículos de investigación académica y capítulos de libros, este es mi primer libro para el público. Mi misión al aventurarme en este nuevo mundo de escribir libros para el público es compartir información práctica de buena calidad para beneficiar la salud y el bienestar del cerebro.

Este libro ayudará a los principiantes que estén interesados en la Atención Plena, a introducirla con éxito en su vida diaria. Mi objetivo aquí, es proporcionarte información útil, procesable y práctica para facilitar la implementación de esta práctica. Para aquellos interesados, también he compartido los beneficios de la Atención Plena a través de una lente neurocientífica.

Considera este libro como tu recurso para empezar un "año de la Atención Plena" con ideas de autocuidado y sobre atención plena fáciles de seguir, que te ayudarán a sentirte tranquilo y motivado en tu camino hacia el bienestar.

Las ideas que se ofrecen al final de los capítulos 1 a 12 te permitirán empezar, preparando el terreno para un camino de atención plena a través de enfoques de autocuidado. Con esta guía, tienes sugerencias que puedes aprovechar cada mes del año. Incluso podrías intentar incorporar una nueva cada día o semana durante tu "año de la Atención Plena".

Aunque las ideas incluidas en cada capítulo no parezcan revolucionarias, pretenden ser métodos sencillos y prácticos para iniciarte en el desarrollo de una mente más abierta y positiva.

Estas ideas de autocuidado pueden asentar tu cuerpo y tu mente, para que puedas incorporar la Atención Plena a tu vida de forma consistente. Incluso son lo suficientemente sencillas como para que puedas empezar a incorporar ciertas ideas hoy mismo para dar el pistoletazo de salida a una existencia más consciente.

Puede resultarte útil utilizar este libro junto con prácticas guiadas de Atención Plena, como meditaciones de respiración, ejercicios de respiración, escaneo corporal y prácticas de movimiento. Estas prácticas se abordan en los capítulos correspondientes del libro y se indican las audioguías a las que puedes acceder con este libro.

Espero que encuentres este libro agradable y útil.

> **"El viaje de mil millas comienza con un solo paso"**
> **– Lao Tzu**

Capítulo 1:

Explorando la neuroplasticidad

¿Has visto alguna vez a un niño pequeño en plena crisis? Estoy hablando de patalear y gritar en el suelo porque algo no está saliendo como ellos quieren. En momentos así, ¿alguna vez has pensado: *"Hay días en los que a mí también me apetece hacer lo mismo"*?

Aunque los adultos solemos tener la capacidad de contener las crisis físicas en la vida, nuestros comportamientos ansiosos se filtran de otras maneras si no cultivamos un enfoque útil para manejar los factores estresantes.

Así, por ejemplo, un padre ocupado que trabaja diez horas al día y tiene que preparar la cena para su familia, preparar los almuerzos de sus hijos para el siguiente día escolar y estudiar para un curso en línea por la noche, puede encontrarse con que su estado de ánimo fluctúa más de lo normal a lo largo del día debido a la cantidad de actividades que tiene que hacer malabarismos. Es comprensible que estos padres se sientan estresados, enfadados e incluso con ganas de discutir como consecuencia de su apretada agenda.

Regular nuestros sentimientos se convierte en un reto cuando saltamos de una actividad a otra día tras día. Si tienes la oportunidad, relájate unos instantes después de un día ajetreado. ¿Qué se siente? Para muchas personas, la mente puede seguir acelerada por el impulso de lo que han vivido hasta ese momento, lo que les impide relajarse. La mente de una persona puede vagar por su lista de tareas pendientes o por un error en el que se fijó al principio del día.

Algunos intentan combatir el ajetreo incesante de la vida con vicios como el café, el alcohol, las drogas o el derroche de dinero en artículos innecesarios, pero esto suele proporcionar solo un alivio temporal del estrés que experimentamos. Hay otro enfoque de la vida que no requiere ningún equipo caro, membresías de gimnasio, o hábitos negativos para crear un mejor sentido de sí mismo y el bienestar. Se basa en nuestra capacidad para remodelar el cerebro.

Señales importantes del cerebro

Admitámoslo: nuestro cerebro intenta hacer más de lo que a veces queremos. Si alguna vez has experimentado una mente acelerada por la noche cuando solo quieres dormir, sabes de lo que hablo. Debido a las complejidades y funciones del cerebro, éste quiere dar sentido a las situaciones y organizar los pensamientos en categorías en nuestra mente en la mayoría de los momentos del día. Qué útil, ¿verdad? Aunque esta capacidad es asombrosa para resolver problemas y tomar decisiones rápidas, no lo es tanto cuando queremos relajarnos pero somos incapaces de "desconectar" del pensamiento constante.

En efecto, nuestro cerebro trabaja constantemente entre bastidores para enviar mensajes y establecer conexiones que nos permitan interpretar y procesar la información correctamente. Las señales que envía nuestro cerebro dan vida a nuestro movimiento muscular, vista, oído, olfato, gusto y tacto.

El punto de encuentro vital para la comunicación en nuestro cerebro se conoce como sinapsis, que es una zona que libera señales químicas llamadas neurotransmisores (Sivadas & Broadie, 2020). "Una de las cosas más importantes de nuestro cerebro es que las sinapsis cambian cuando las utilizamos. Estos cambios en nuestras sinapsis (plasticidad) nos permiten aprender nueva información, y luego recordar lo que hemos aprendido" (Sivadas & Broadie, 2020). Es a través de estas señales que nuestra mente forma recuerdos que nos ayudarán a lo largo de la vida.

Sin estas sinapsis, tendríamos que volver a aprender los pasos de las tareas cotidianas que realizamos desde el principio cada vez que intentamos hacerlas. Por supuesto, cuando el cerebro se altera si sufre una lesión como un ictus, una conmoción cerebral o la rotura de un aneurisma, los mensajes de las sinapsis pueden tener dificultades para completar su trabajo. La plasticidad de nuestro cerebro permite que se produzcan cambios beneficiosos o negativos, por lo que incorporar prácticas de atención plena a nuestra vida puede permitir que nuestras redes cerebrales cambien de la mejor manera posible.

Adoptando la práctica

Si has dudado en incorporar más prácticas de atención plena a tu propia vida porque crees que no tienes tiempo suficiente o porque simplemente no te imaginas el valor que te aportará, ten en cuenta lo siguiente. Las prácticas de atención plena no tienen por qué ser algo para lo que una persona dedique un rato al día por separado. Por el contrario, las actividades de atención plena que uno lleva a cabo están pensadas para mejorar todos los aspectos del día de una persona, aportando mayor concentración, claridad y paz a todas las situaciones. Como con todo, al principio habrá días difíciles y días fáciles con la Atención Plena... Piensa en la Atención Plena como una práctica continua de estilo de vida.

Aunque incorporar prácticas de atención plena no garantizará que una persona tenga cero estrés en su vida, puede mejorar la capacidad del cerebro para ver las situaciones estresantes con resiliencia, optimismo y positividad, permitiendo a una persona tener un estado de ánimo y una mentalidad más estables en cada actividad que realice. Imagina las posibilidades que se te presentan cuando desbloqueas la capacidad de controlar mejor tus sentimientos y reacciones.

Esta práctica requiere una apertura que a menudo se convierte en un obstáculo para los principiantes. Muchas personas tienen las mejores intenciones para comenzar una práctica de Atención Plena a través de la meditación, pero pronto se aburren o se distraen, abandonando rápidamente ya que sienten que no están realizando el ejercicio correctamente. Si esto te suena familiar, te aseguro que permanecer en esta práctica a lo largo del tiempo da sus frutos de forma exponencial. Puedes aprender a ser consciente de todo lo que intentas y, con la ayuda de técnicas como la meditación, la respiración profunda y los escáneres corporales, puedes enriquecer cualquier otra actividad o tarea que te propongas.

La importancia de tener los pies en la tierra

Comienza este viaje comprendiendo que existen cientos de técnicas para ayudarte con la Atención Plena a lo largo del día, pero que no necesitas centrarte en cada una de ellas para obtener algunos beneficios iniciales de una práctica de atención plena. Incorporar incluso pequeñas técnicas de atención plena durante un breve periodo de tiempo puede mostrar beneficios positivos y medibles en las regiones frontal y prefrontal del cerebro, lo que ha llevado a los investigadores a concluir que las prácticas de Atención Plena remodelan positivamente la materia gris del cerebro, el córtex prefrontal, la amígdala y el hipocampo (Hölzel et al., 2011).

La clave para empezar con esto, como con cualquier práctica nueva, es no agobiarse desde el principio. Es el momento de asentarse en el proceso y no abarcar demasiado a la vez. Aunque este libro te ofrecerá muchas técnicas y sugerencias para ayudarte con la Atención Plena, es importante que elijas lo más adecuado para ti. Puedes estar seguro de que incorporar cualquier técnica te ayudará a sentirte más tranquilo y confiado a lo largo del día, pero es mejor comenzar primero con aquellas que te ayudarán a afianzarte en una práctica futura de Atención Plena para que quieras continuar.

En los próximos capítulos, encontrarás secciones al final que te ofrecerán ideas de atención plena que se conectan con el tema del capítulo. Su objetivo es ofrecerte una forma inmediata de poner en práctica lo aprendido a medida que desarrollas un enfoque más consciente de la vida.

Elige lo que creas que funcionará mejor para ti en función de tu horario y tus objetivos. Aunque es estupendo probar nuevas ideas, si intentas una técnica que te resulta incómoda, permítete probar algo diferente mientras te mantienes abierto a aprender y crecer a partir del proceso.

Desarrollar tus habilidades de Atención Plena es más fácil con el tiempo y la práctica, pero también requiere paciencia por tu parte. La apertura que aportes a estas técnicas te ayudará a obtener los mayores beneficios de tu práctica.

Recuerda, en primer lugar, centrarte en pequeñas formas de mejorar y desarrollar tu práctica cada día.

Ideas conscientes para tener los pies en la tierra

Las siguientes ideas son sugerencias para enraizarte en una práctica llena de nuevas oportunidades para ti. Son simplemente ideas que pueden ayudar a una persona a prepararse para tener una actitud más consciente. También son ideas que te ayudarán a calmar rápidamente tu mente cuando te sientas estresado o ansioso.

En futuros capítulos, aprenderás más sobre prácticas y técnicas de meditación específicas pero, por ahora, permite que estas ideas te guíen para estar más preparado para cultivar una apertura para tu práctica.

- Busca una silla cómoda, cierra los ojos y siéntate con tus pensamientos durante cinco minutos.

- Crea o encuentra un espacio en tu casa que te aporte una sensación de calma o felicidad.

- Busca un objeto suave que te haga sentir satisfecho o tranquilo, como una manta, una almohada o un pijama cómodo.

- Compra, imprime o dibuja un calendario para registrar las prácticas de Atención Plena.

- Elige una hora de la semana siguiente. Reserva este tiempo para una actividad favorita que realices a solas, como darte un baño o una ducha, echarte una siesta o dar un paseo.

- Empieza a prestar atención a la iluminación de tu casa. ¿Cambiarías algo? ¿La iluminación te tranquiliza o no? ¿Qué cambiarías (si es necesario)?

- Busca papel en blanco o un cuaderno en blanco para empezar a escribir un diario durante tu futura jornada de Atención Plena. Empieza a programar un temporizador para 10 minutos cada día y escribe libremente durante estos minutos (en capítulos posteriores, hablaré de temas que te ayudarán a concentrarte).

- Haz tu cama (concéntrate en hacer tu espacio para dormir limpio y acogedor).

- Haz una lista de tres personas en las que puedas confiar. Podrías considerarlas tus amigos o familiares de confianza para cuando necesites ayuda.

- Escribe una lista de cinco canciones (o artistas musicales) que te tranquilicen o satisfagan.

- Piensa en una prenda que te haga sentir seguro de ti mismo (póntela esta semana).

- Busca un lugar en tu casa para sentarte y observar tu entorno sin juzgarlo durante 10 minutos. ¿En qué te fijas?

- Crea un mantra para ti. Puede ser algo tan sencillo como "mantente presente". Repítete este mantra cada mañana como lo primero que haces al levantarte.

- Si estás ansioso, inhala y exhala despacio y profundamente tres veces (hablaremos de las técnicas de respiración en un capítulo posterior).

- Da un paseo de 15 o 20 minutos. Presta atención a tus sentidos. ¿Qué ves, oyes y hueles mientras caminas?

- Cuenta despacio del 1 al 10 y luego cuenta despacio del 10 al 1 hacia atrás.

- Busca una vela o un aroma para tu casa que te haga sentir tranquilo. Cierra los ojos y huele este aroma cuando te sientas ansioso.

- Golpea suavemente tus brazos arriba y abajo con las yemas de los dedos durante veinte segundos mientras respiras. Después, detente y relájate. Percibe cómo te sientes.

- Realiza una pequeña tarea para sentirte realizado. Debe ser algo que se te dé bien y que puedas terminar con facilidad.

- Sal a la calle y respira durante cinco minutos.

- Siéntate en una silla o túmbate en la cama cuando estés ansioso. Cierra los ojos y piensa que estás en tu lugar favorito, como un campo de flores o un balneario.

- Elimina una aplicación innecesaria de tu teléfono (empieza poco a poco; seguiremos hablando de cómo reducir el uso del teléfono y las distracciones en próximos capítulos).

- Mantén tu dormitorio a oscuras cuando duermas (consulta el contenido adicional sobre el sueño en el apéndice).

- Lávate las manos y la cara (te sorprenderá lo enraizante y satisfactorio que puede resultar).

- Habla con alguien a quien admires y que desprenda positividad.

- Tómate un descanso para leer un libro de 30 minutos a una hora.

- Cambia de lugar (de una habitación a otra para obtener una nueva perspectiva).

- Crea un personaje para tus sentimientos. Por ejemplo: "Dibuja o describe [tu ansiedad] como una pequeña marioneta gremlin, un animal o un fantasma de dibujos animados. Así podrás narrar mentalmente la historia de tus interacciones con la ansiedad" (Regan, 2023). Esto puede ayudarte a comprender que tus emociones no tienen por qué controlarte y que tú estás a cargo de tus reacciones ante las situaciones.

- Reconócete a ti mismo. ¿En qué momento de tu vida te encuentras? Di la hora, el mes y el año en voz alta. Describe lo que estás haciendo hoy. Esto puede ayudarte a tomar conciencia del momento presente.

- Mira o escucha una de mis prácticas gratuitas de meditación guiada (ver apéndice). Empieza a darte cuenta de lo que puedes aprender a disfrutar de la práctica de la meditación.

- Piensa por qué estás agradecido hoy. Piensa en tres objetos, personas o conceptos por los que podrías mostrarte agradecido. Utiliza tu diario de gratitud para completar este ejercicio o descarga una de estas plantillas gratuitas para escribir tu respuesta.

Puntos clave

- La comunicación tiene lugar en el centro de mensajes del cerebro, que nos permite recibir e intercambiar información a través de las sinapsis y la liberación de sustancias químicas.

- La plasticidad del cerebro cambia y se adapta a las nuevas experiencias, ya sean positivas o negativas.

- Las técnicas de atención plena ayudan a calmar y observar los pensamientos, de modo que se alivia el estrés y puede formarse una mentalidad de crecimiento.

Cuando empieces a considerar qué opciones te ayudarán a sentirte más arraigado para crear una mentalidad más positiva, recuerda empezar poco a poco y utilizar la autoconversación positiva. Es difícil empezar cualquier práctica sin una mente abierta y la voluntad de probar algo nuevo, así que ofrécete la oportunidad de mantener la curiosidad sobre tu propia exploración de la Atención Plena.

"Mantén la curiosidad, mantente abierto... y veamos qué pasa.."

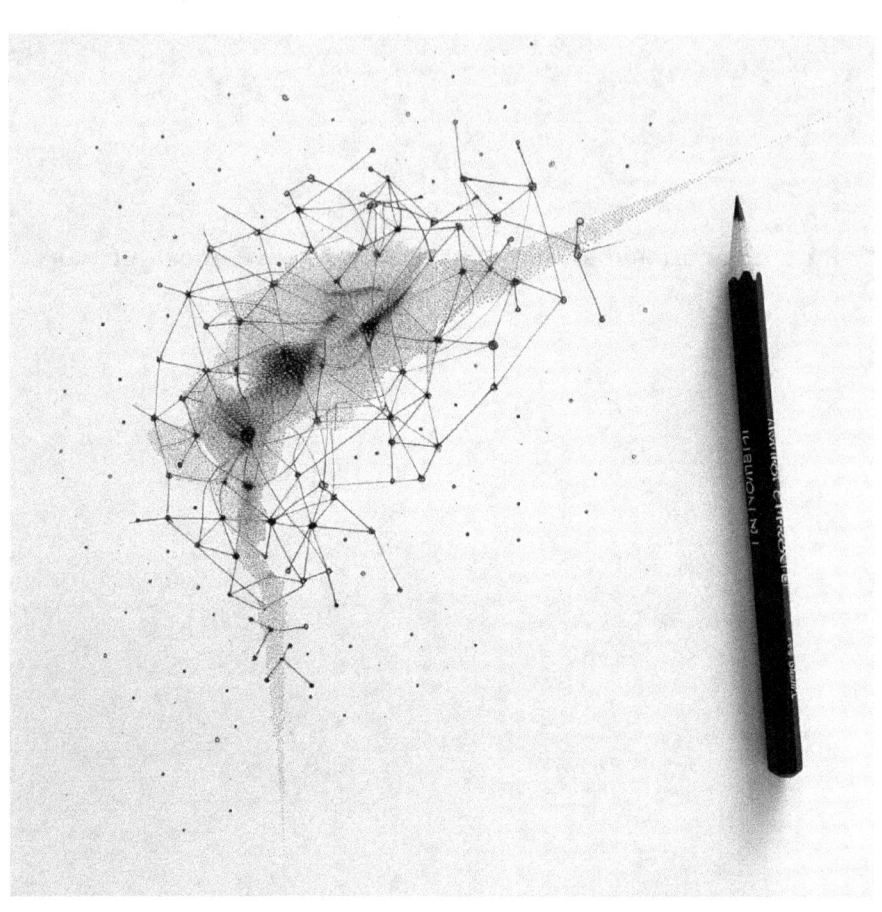

Capítulo 2:

La Atención Plena y el cerebro

Si imaginas los atributos físicos del cerebro humano, ¿qué te viene a la mente? Quizá visualices una escena de una película de ciencia ficción en la que una mancha húmeda y rosácea con surcos ondulados flota en un frasco o se sienta en una bandeja plateada en un laboratorio. Normalmente, los aspectos físicos del cerebro no parecen gran cosa, pero las funciones de este misterioso órgano son fenomenales.

Nuestro cerebro está formado por un tejido que dirige constantemente nuestras respuestas, sentidos, movimientos, capacidades de comunicación, memoria, sentimientos, lenguaje y pensamiento (Maldonado & Alsayouri, 2023). Cuando nos sentimos excitados, enfadados, abrumados, sorprendidos o temerosos, nuestro cerebro trabaja duro para dar sentido a todo ello. Nuestro cerebro trabaja de forma natural para hacer esto por nosotros, pero cualquier daño o enfermedad del cerebro puede interrumpir las señales y mensajes que intentan moverse de un lugar a otro. Estudiar las secciones del cerebro y sus funciones puede ayudarnos a comprender mejor por qué el autocuidado y la preservación de nuestra memoria son importantes para nuestro bienestar.

En esta sección, examinaremos las principales partes del cerebro y sus funciones para que podamos comprender cómo influyen en nuestro estado de ánimo y nuestra mentalidad. Dado que se ha demostrado que el refuerzo y el entrenamiento cognitivo tienen un impacto positivo en la actividad cerebral, es útil conocer las principales áreas que intervienen en la función cerebral para que podamos entender cómo una práctica de Atención Plena puede ser beneficiosa.

Qué sabemos del cerebro

Aunque el cerebro aún alberga muchos misterios, la investigación científica nos ha permitido conocer mejor sus funciones. Los lados derecho e izquierdo del cerebro, denominados colectivamente encéfalo, contienen pliegues y crestas en su superficie (Maldonado & Alsayouri, 2023). El cerebro está conectado con el tronco encefálico y ayuda a controlar el comportamiento, los sentimientos, la memoria y las funciones motoras y sensoriales (Maldonado & Alsayouri, 2023). El lado izquierdo del cerebro ayuda con el lenguaje y el procesamiento de conceptos lógicos, mientras que el lado derecho controla las ideas más creativas e intuitivas. Los dos lados trabajan en tándem para dar sentido a las ideas abstractas y a los conceptos tangibles con los que nos encontramos cada día.

Los cuatro lóbulos

Dentro de estas secciones del cerebro, cuatro lóbulos ayudan a afinar aún más nuestras capacidades de procesamiento.

Lóbulo frontal

Este lóbulo se encarga de las funciones lingüísticas, cognitivas y motoras que permiten a una persona regular el estado de ánimo, la autoconciencia y la personalidad (Maldonado & Alsayouri, 2023). Piensa en esta zona del cerebro como la parte que te da la capacidad de planificar y controlar lo que quieres hacer.

Lóbulo parietal

El lóbulo parietal ayuda a la persona a clarificar la información sensorial y colabora con la memoria (Maldonado & Alsayouri, 2023). Sin esta parte, no seríamos capaces de procesar las temperaturas en nuestra piel o la conciencia espacial.

Lóbulo temporal

El lóbulo temporal funciona como una central de procesamiento del lenguaje tanto escrito como hablado (Maldonado & Alsayouri, 2023). Esta área nos permite almacenar y recuperar información para que podamos reconocer y retener recuerdos del pasado.

Lóbulo occipital

Por último, el lóbulo occipital se encarga de interpretar las imágenes visuales (Maldonado & Alsayouri, 2023). Este lóbulo nos ayuda con el reconocimiento facial y la percepción de la profundidad.

El cerebelo

A continuación, el cerebelo es un centro de control de los movimientos y las funciones motoras. "El cerebelo también ayuda en varias funciones cognitivas como la atención, el lenguaje, la respuesta de placer y la memoria del miedo" (Maldonado & Alsayouri, 2023). Es en esta zona donde nuestro cerebro trabaja para perfeccionar cómo queremos mover nuestro cuerpo. "Nuevos estudios están explorando las funciones del cerebelo en el pensamiento, las emociones y el comportamiento social, así como su posible implicación en la adicción, el autismo y la esquizofrenia" (Johns Hopkins Medicine, 2022).

El tronco encefálico

Por último, el tronco encefálico está formado por el mesencéfalo, la protuberancia y la médula, que son áreas que trabajan juntas para controlar las funciones corporales. El tronco encefálico conecta el encéfalo con la médula espinal y establece conexiones para controlar las "funciones autónomas como la respiración, la regulación de la temperatura, la respiración, la frecuencia cardíaca, los ciclos de vigilia y sueño, la tos, los estornudos, la digestión, los vómitos y la deglución" (Maldonado & Alsayouri, 2023).

Cómo las prácticas de atención plena pueden moldear el cerebro

Cada día, nuestro cerebro trabaja duro para dar sentido a lo que nos rodea y enviar mensajes a las partes de nuestro cuerpo que queremos que funcionen correctamente. Si bien el cerebro hace esto con un mínimo esfuerzo consciente, en realidad está trabajando muy duro para aprender lecciones y categorizar acontecimientos. A medida que nuestro cerebro retiene información de cada experiencia, se suma al recableado que se produce como resultado.

Cuando un individuo se encuentra en una situación que requiere una reacción, su cerebro trabaja para elegir la respuesta que mejor le proteja. Lo más probable es que hayas oído hablar de la idea de "luchar" o "huir", pero estas reacciones hacen que nuestros cerebros y cuerpos se aferren a los recuerdos de estas respuestas cada vez que ocurren para que podamos aprender de la experiencia. La forma en que respondemos a las circunstancias repercute en la materia gris, o el tejido de nuestro cerebro que nos permite funcionar y tomar decisiones inteligentes (Hölzel et al., 2011). El cerebro envía mensajes a través de secreciones hormonales de cortisol y adrenalina, proporcionando a la persona una respuesta que la protege en muchos casos, pero que también aumenta su estrés mental y físico con el tiempo.

Si alguna vez has notado los músculos de los hombros tensos o la mandíbula apretada al final de una jornada laboral estresante, puedes entender el impacto que esas experiencias pueden tener físicamente en el cuerpo. Con el tiempo, el cuerpo y la mente siguen aferrándose a este estrés si no tienen una salida para liberar la tensión. Las enfermedades cardíacas, la depresión, la ansiedad, la enfermedad de Alzheimer, la obesidad y los problemas gastrointestinales son solo algunos de los riesgos para la salud asociados al estrés a largo plazo (R. Morgan Griffin, 2010).

En un mundo acelerado e inundado de distracciones, cuidar la salud de nuestro cerebro nunca ha sido tan crucial. En medio del caos, la Atención Plena emerge como una poderosa herramienta. Mediante la atención deliberada al momento presente, la Atención Plena nos invita a observar nuestros pensamientos, emociones y sensaciones sin juzgarlos. Al hacerlo, podemos fomentar una comprensión más profunda del intrincado funcionamiento de nuestra mente.

Las investigaciones demuestran cada vez más los innumerables beneficios de la Atención Plena para la salud cerebral, desde la reducción del estrés y la ansiedad hasta la mejora de la función cognitiva y la regulación emocional. Algunos hallazgos recientes se han centrado en cómo una práctica diaria a largo plazo de la meditación consciente puede aumentar la densidad de la materia gris. La materia gris es la parte del cerebro y la médula espinal compuesta principalmente por cuerpos celulares neuronales y dendritas, esenciales para procesar la información y llevar a cabo funciones cognitivas. Influye en nuestras emociones, comunicación y capacidad para tomar decisiones. La meditación consciente también se ha relacionado con el engrosamiento del hipocampo, asociado a la regulación emocional y la memoria.

Atención Plena regular

Para asentar la mente y el cuerpo, nuestro cerebro necesita actividades que ofrezcan un descanso de lo típico y nos den la oportunidad de recalibrar nuestro bienestar físico y mental. Son muchos los que creen que la práctica de la Atención Plena debe centrarse únicamente en la meditación, pero existen numerosas formas de calmar y refrescar la mente y el cuerpo.

Cuando una persona incorpora prácticas de atención plena a su día a día, es probable que experimente una sensación de calma, gratitud y esperanza que, con el tiempo, le ayuda a construir una conexión íntima con su lugar en el mundo y a sentirse más feliz y satisfecho consigo mismo en general.

Para demostrar cómo las prácticas de atención plena ofrecen una sensación de conexión incluso si se practican en solitario, imagina cómo te sientes cuando has tenido la oportunidad de participar en una actividad que te encanta frente a otra que no. ¿Cómo te sientes cuando terminas la actividad? Cuando terminas algo que no te gusta hacer, puede que sientas alivio por haber terminado el trabajo, pero también puede que te sientas cansado e incapaz de completar otras tareas después.

Las actividades de atención plena nos ofrecen la oportunidad de pasar unos momentos interactuando con nuestros pensamientos y sentimientos y centrándonos en algo con calma, de modo que podamos absorber la energía que esto nos ofrece y utilizarla para realizar otras actividades con atención plena.

Aunque permanecer atentos no es mágico, ofrece ventajas beneficiosas para la vida en general, como una nueva conciencia y apertura a las experiencias y las personas, una mayor empatía y compasión por los demás y la capacidad de comprender el estrés y responder a él con un enfoque regulado.

En un estudio sobre el impacto que puede ofrecer la Atención Plena, los investigadores estudiaron los cerebros de individuos que habían meditado durante aproximadamente 30 minutos al día durante ocho semanas consecutivas (Hölzel et al., 2011). Al medir la actividad cerebral, estos investigadores descubrieron que la materia gris de los cerebros de los participantes se había concentrado más que al comienzo de su experimento, lo que demostraba que las áreas que desencadenan los recuerdos, el sentido de uno mismo y la empatía estaban más comprometidas con el paso del tiempo como resultado de su práctica de atención plena. La investigación también ha demostrado que cuanto más tiempo se practica la meditación, mayor es la concentración y la atención (Baron Short et al., 2010).

En mi propia investigación, los estudios preliminares que utilizan imágenes por resonancia magnética funcional (IRMf), que es una forma de mostrar las conexiones de las redes cerebrales, han demostrado el potencial de las prácticas de Atención Plena para cambiar las redes cerebrales en el contexto de afecciones neurológicas (Wong et al, 2024).

Aunque los investigadores siguen desentrañando a diario los misterios del cerebro, es útil tener alguna idea de qué prácticas y técnicas pueden proporcionar beneficios de la atención plena a una persona.

En nuestro mundo ajetreado y sin descanso, la Atención Plena puede parecer un lujo lejano. Sin embargo, como musitó poéticamente William Henry Davies, "¿Qué es esta vida si, llenos de cuidados, no tenemos tiempo para pararnos y mirar?".

El constante flujo de nuestras vidas modernas hace que la Atención Plena no solo sea un reto, sino también cada vez más esencial.

En esencia, la Atención Plena nos invita a abrazar plenamente el momento presente, reconociendo nuestros pensamientos, emociones y sensaciones a medida que surgen en respuesta al mundo que nos rodea. Al cultivar esta conciencia, podemos aliviar preocupaciones innecesarias, saborear las alegrías de la vida y obtener una visión más profunda de nosotros mismos.

Aunque integrar la Atención Plena en nuestras rutinas diarias tiene un valor incalculable, reservar un tiempo dedicado a las prácticas de Atención Plena puede amplificar sus beneficios. Aquí tienes varias técnicas que puedes incorporar a tu día a día:

- Meditación de atención plena: Durante el ajetreo de la vida, ya sea en un metro abarrotado o parado en un semáforo en rojo, dedica un momento a concentrarte en tu respiración. Simplemente observa su flujo y reflujo, permitiendo que su ritmo te sirva de ancla al momento presente, anclándote en medio del caos. También puedes programarlo en tu rutina diaria, por ejemplo, reservando diez minutos por la noche para relajarte al final de un día ajetreado.

- Despertar la conciencia: Despierta todos tus sentidos y sumérgete en el rico tapiz del mundo que te rodea. Toma nota de los sonidos, colores y sensaciones que te rodean. Esta práctica cultiva una profunda conexión con el momento presente y fomenta la sensación de presencia.

- Exploración corporal: Dedica un momento a sintonizar con tu cuerpo, buscando zonas de tensión, malestar o sensaciones sutiles. Sin juzgar, simplemente reconoce lo que sientes, abrazando la unidad de tu ser físico y emocional. Esta práctica tiende un puente entre la mente y el cuerpo, fomentando una sensación de integridad y autoconciencia.

- Movimiento consciente: Abraza el movimiento con yoga, tai chi o pilates. Con cada estiramiento y extensión, concéntrate en el ritmo de tu respiración y en las sensaciones que recorren tu cuerpo. Transforma cada movimiento en una oportunidad para la conciencia plena, anclándote en el momento presente.

- Espacios Respiratorios de 3 Pasos: Los Espacios Respiratorios en 3 Pasos es una técnica que se enseña en la Terapia Cognitiva Basada en la Atención Plena (MBCT). Comienza con una toma de conciencia abierta, dedicando un minuto a notar lo que está presente en el momento, como las emociones, las sensaciones corporales, los patrones de pensamiento o las preocupaciones. A continuación, centra tu atención en la respiración durante aproximadamente un minuto. Respira profunda e intencionadamente, dejando que cada inhalación y exhalación te anclen firmemente en el momento presente. Haz una breve pausa entre cada respiración y encuentra un santuario en medio del caos, alimentando una sensación de paz y tranquilidad en tu interior. Por último, amplía tu conciencia de la respiración a todo tu cuerpo. Observa cómo te sientes ahora en comparación con cuando empezaste.

- Atención plena a los pensamientos y las emociones: Adéntrate en las profundidades de tu paisaje interior, cultivando una conciencia aguda de tus pensamientos y emociones a medida que afloran. Obsérvalos con suave curiosidad, permitiendo que surjan y pasen sin aferrarte a ellos ni juzgarlos. En esta práctica de aceptación radical, abraza todo el espectro de tu experiencia humana, fomentando un sentido de autocomprensión.

Ampliaremos algunas de estas técnicas en los capítulos siguientes y mostraremos cómo estas prácticas pueden apoyar diferentes aspectos de tu vida y de tu salud cerebral. En el apéndice encontrarás las audioguías de introducción a estas prácticas.

Ideas conscientes para mejorar la salud cerebral

Practicar la meditación consciente, de la que hablaremos en un capítulo posterior, puede ayudar a restablecer la mente y el cuerpo.

Mientras tanto, las siguientes ideas ofrecen una forma de complementar el día con prácticas y actividades de autocuidado breves y factibles para mantener el cerebro activo y alerta. Las ideas esbozadas aquí son las que debes tener en cuenta si buscas calmar las respuestas al estrés en tu cuerpo y mejorar tu sentido de la regulación emocional y la conciencia a lo largo del tiempo.

Recuerda que las siguientes ideas no están pensadas para realizarlas todas a la vez. Ni siquiera están pensadas para ser abordadas como un conjunto. En su lugar, esta lista le ofrece un menú de opciones para elegir si desea probar una actividad que fomente la salud cerebral.

- Pon límites intencionados al tiempo que pasas frente a la pantalla y practica un uso consciente de la tecnología haciendo pausas para descansar la vista y volver a centrar la atención lejos de las distracciones digitales.

- Simplifica la toma de decisiones reduciendo el número de opciones siempre que sea posible, ya que la abundancia de opciones puede abrumar la mente y conducir a la fatiga mental.

- Haz listas de tareas y tacha las que tengas pendientes. Observa la sensación de logro.

- Encuentra oportunidades para crear rutinas cada día. Por ejemplo, empieza por acostarte y levantarte a la misma hora todos los días. Lleva un diario para saber cómo te sientes a lo largo del día.

- Protege tu tiempo y ponte límites. Observa cómo te sientes después de tomarte un tiempo para descansar y recargar las pilas.

- Haz una lista de las tres personas que más felicidad te aportan y envíales un mensaje para decirles lo agradecido que estás de tenerlas en tu vida.

- Haz una lista de las tres cosas que más paz te aportan. Dedícales un tiempo a la semana. Ya sea para tomar un café, ver a un amigo, pasear al perro o pasar un día tranquilo.

- Encuentra formas de recompensarte por un trabajo bien hecho o por realizar tareas. Deja que esta recompensa motive a tu cerebro para seguir consiguiendo cosas.

- Lleva un diario de agradecimientos. Al final de cada día, dedica un rato a reflexionar sobre tu jornada y anota tres cosas por las que estés agradecido. Pueden ser cosas tan pequeñas como un delicioso tentempié o un comentario amable de un ser querido.

- Practica la escucha activa durante las conversaciones, las reuniones o cuando disfrutes de la música, involucrando plenamente tus sentidos y reduciendo las distracciones mentales.

- ¿Hay algo sobre lo que siempre has querido saber más? Date tiempo para explorar tu curiosidad, ya sea leyendo un libro, viendo un documental, asistiendo a una charla o visitando un museo.

- Pasa tiempo en la naturaleza. Está demostrado que los espacios verdes (como un parque, un bosque o un campo) y los azules (como el océano, un lago o un río) ayudan a calmar nuestra mente y favorecen los sentimientos de satisfacción.

- Come alimentos ricos en vitaminas y antioxidantes, como espinacas, col rizada, ácidos grasos omega-3, aceite de oliva y aguacate. Limita la sobrealimentación moderando el tamaño de las raciones.

- Mantente en contacto con tu comunidad y considera la posibilidad de participar en actividades sociales.

- Aprende tai chi, una forma suave de artes marciales, para mejorar el equilibrio, la coordinación y la función cognitiva al tiempo que favorece la relajación.

- Juega a juegos cerebrales, como los rompecabezas, y nota qué se siente al plantearse un reto.

- Limita el consumo de alcohol. Puedes llevar un diario de cuándo bebes alcohol y cómo te hace sentir. Controla cómo te afecta y haz cambios que te ayuden a sentirte mejor.

- Programa revisiones médicas periódicas, por ejemplo de la vista, y con tu dentista. Estas pequeñas cosas pueden ser muy gratificantes y darte la sensación de que te estás cuidando de forma proactiva.

- Adopta el viaje para dejar de fumar como una práctica consciente, cultivando la conciencia de los efectos nocivos del tabaco tanto en la salud física como en el bienestar mental.

- Limita el azúcar en tu dieta, pero no te fuerces a dejar de fumar si eres goloso. Siempre que comas algo dulce, tómate tu tiempo, saboréalo y disfruta del momento.

- Pon una alarma una hora antes de acostarte para recordar a tu cerebro y a tu cuerpo que empiecen a relajarse por la noche. Crea una rutina de apoyo para una noche de descanso que incluya estiramientos, escribir en un diario, una infusión, leer o cualquier otra cosa que te ayude.

Nota: Las ideas de autocuidado anteriores ayudan a preparar el cerebro y el cuerpo para la práctica regular de la meditación de Atención Plena. En el Apéndice encontrarás audioguías gratuitas sobre las meditaciones de Atención Plena. Utiliza estas audioguías (en inglés) junto con las prácticas de autocuidado anteriores, mientras te embarcas en tu "Año de la Atención Plena".

Puntos clave

Cuando pienses en cómo incorporar más prácticas de atención plena a tu vida, sé creativo con las oportunidades que se te ofrecen. Escucha tu voz interior cuando decidas qué actividades te parecen correctas y merecen la pena.

- El tejido cerebral controla las funciones sensoriales, el movimiento, la memoria y el lenguaje.

- Los cuatro lóbulos del cerebro -frontal, parietal, temporal y occipital- permiten a la persona absorber, procesar y reaccionar ante las experiencias.

- El tronco encefálico y el cerebelo controlan ciertos movimientos del cuerpo.

- Los estudios de investigación demuestran que la materia gris del cerebro y las redes cerebrales responden a las prácticas conscientes, con un impacto positivo en las personas.

A medida que avancemos más allá de nuestra discusión básica sobre las formas en que las prácticas conscientes impactan en el cerebro, empezaremos a examinar aspectos más específicos de la memoria y las funciones cognitivas para beneficiar la salud cerebral.

Capítulo 3:

Memoria y Atención Plena

Inhala profundamente y exhala largamente. ¿Qué hueles en este momento? Si estás cerca de un ramo de flores, un ambientador o un alimento determinado, es probable que te resulte más fácil identificar rápidamente qué recuerdo te provoca ese olor en concreto.

El olfato es uno de los sentidos más potentes que nos ayudan a recordar. "Sin embargo, la característica más distintiva de los recuerdos evocados por el olor, y la razón por la que son importantes para la salud y el bienestar humanos, es que evocan recuerdos más emotivos y evocadores que los recuerdos desencadenados por cualquier otro indicio" (Herz, 2016). Seguro que en tu pasado reciente has tenido algún recuerdo provocado por un sentido concreto. Por ejemplo, yo todavía recuerdo el aroma de los aceites aromáticos de la casa de mi abuela y, cuando hoy huelo un aroma similar, me transporto directamente a mis visitas a su casa en mi infancia.

Todos tenemos recuerdos significativos que han contribuido a forjar nuestra personalidad. Somos una especie que aprende a través de la experiencia, y cada recuerdo que tenemos aumenta nuestra capacidad de tomar decisiones en el presente. Por eso, nuestro potencial para acceder a los pensamientos más profundos de nuestra mente puede ofrecernos pistas sobre el tipo de persona que somos, así como sobre lo que nos esforzamos por ser.

El poder de la mente y la memoria

La mente consciente es dinámica y prolífica. Funciona automáticamente sin que la persona tenga que centrarse en la comunicación entre las sinapsis del cerebro. Si alguna vez te has despertado en un lugar que no te resulta familiar, como la casa de un amigo o la habitación de un hotel, habrás experimentado cómo tu mente trabaja rápidamente para recordar el entorno y encontrarle sentido. Nuestra mente consciente se aferra a experiencias y conocimientos previos y los almacena para que nos sigan resultando familiares situaciones que, de otro modo, podrían resultarnos incómodas.

Pero, ¿qué ocurre cuando una lesión cerebral o una enfermedad nublan la conciencia de lo que nos rodea o provocan un lapsus de memoria? Cuando esto ocurre, las capacidades cognitivas y la conciencia de una persona pueden verse afectadas hasta el punto de que resulte más difícil concentrarse y se requiera más tiempo para procesar la información sensorial. Una lesión o enfermedad que afecte al cerebro no solo puede repercutir en la memoria, sino que también puede afectar a la toma de decisiones, la capacidad de realizar varias tareas a la vez y la comunicación a través del habla o la escritura (Mayo Clinic, 2021). Además, pueden producirse cambios físicos y de comportamiento. En los casos, por ejemplo, en que una persona sufre una lesión en la cabeza que le provoca una conmoción cerebral, se han producido puntos ciegos, problemas de equilibrio, cambios de humor y dificultad para seguir una conversación (Mayo Clinic, 2021). Si tenemos en cuenta el impacto que tienen las funciones básicas del cerebro en la productividad diaria, el recuerdo y el lenguaje, cualquier impacto negativo causado por un traumatismo craneoencefálico puede dañar la funcionalidad del cerebro.

Memoria episódica y de trabajo

La capacidad de una persona para prestar atención a una tarea y recordar cómo realizarla es vital para completar el trabajo, cuidar de uno mismo e interactuar con los demás a diario. La memoria de trabajo es un tipo de memoria que almacena información a corto plazo para que podamos realizar una tarea con eficacia. Trabajar para mantener el potencial de nuestra memoria o incluso para mejorarlo se ha convertido en una industria en nuestra sociedad, que valora mucho las formas estratégicas de superación personal y de ser productivo. Aprender cómo la Atención Plena puede beneficiar al cerebro y a la memoria puede permitir a cualquier individuo mejorar la forma en que utiliza sus fortalezas mentales a lo largo del día.

La memoria episódica es una forma de memoria a largo plazo, que nos da la capacidad de recordar acontecimientos específicos del pasado. Guía nuestro comportamiento y nos proporciona la capacidad de tomar decisiones actuales y futuras. La memoria episódica está sujeta tanto a lesiones neurológicas como al declive relacionado con la edad (Brown et al., 2016). Intervenir con prácticas protectoras como los ejercicios de entrenamiento de Atención Plena puede mejorar la capacidad de una persona para preservar su memoria episódica y recordar acontecimientos.

El entrenamiento en Atención Plena se presenta en dos formas principales: "atención focalizada" y "monitorización abierta" (Brown et al., 2016). El entrenamiento en atención focalizada, o entrenamiento en AF, implica ejercicios prácticos que dirigen la atención de una persona y le ayudan a percibir su entorno. Este tipo de entrenamiento de Atención Plena ha demostrado ser exitoso para ayudar a las personas con tareas que requieren concentración y enfoque sostenido. Al practicar el entrenamiento de Atención Plena, la memoria de trabajo se fortalece y es menos probable que se rompa (Brown et al., 2016).

Toma de notas mentales

Dado que los recuerdos de nuestro pasado pueden activar nuestras funciones sensoriales, no es de extrañar que las prácticas de atención plena puedan conectar directamente con la capacidad de mejorar la memoria. Prácticas como el yoga, la meditación y el escaneo corporal pueden ayudarnos a recordar ciertos acontecimientos, pero también pueden darnos la oportunidad de examinarlos con calma y objetividad.

Una técnica muy utilizada durante la meditación es el proceso de "anotación mental", en el que una persona reconoce los pensamientos que está teniendo durante la meditación, pero permite que estas ideas pasen por la mente como si simplemente estuvieran siendo observadas por el participante (Kabat-Zinn, 1994). Algunas personas imaginan que sus pensamientos flotan en las nubes o que pasan a su lado en notas escritas mientras realizan la observación mental.

Para probar esta observación mental por ti mismo, busca un asiento cómodo donde no te interrumpan durante los próximos cinco minutos. Cierra los ojos y empieza a inhalar y exhalar lentamente por la nariz. Al principio, concéntrate en calmar el cuerpo y la mente para que el cerebro pueda adaptarse a esta práctica. Al cabo de uno o dos minutos, probablemente te darás cuenta de que tienes pensamientos sobre qué hacer a continuación, cómo ha sido tu día hasta ahora, qué quieres cenar, etcétera.

Esta actividad cerebral tan ajetreada le ocurre a todo el mundo, especialmente a los que se inician en la meditación, así que no te sientas frustrado por ello. En lugar de eso, simplemente coloca la imagen o el texto de tu pensamiento en una nube e imagínatelo flotando a tu alrededor.

El propósito de esto es permitir que los pensamientos de tu mente ocupada tengan la oportunidad de ser vistos, pero sin darles poder. Con los ojos cerrados, puedes visualizar que existen, pero también puedes aprender a enviarlos flotando más allá de ti.

Esta experiencia requiere cierta práctica para sentirse cómodo con ella, ya que muchos de nosotros queremos fijarnos en una tarea o llevarla a cabo cuando pensamos en ella por primera vez. No te preocupes: con el tiempo, tomar nota mentalmente se hace más fácil.

Cuando practiques esta técnica, ten en cuenta también el objetivo final. El proceso de practicar la observación mental te permitirá sentarte y relajarte, observar tus pensamientos y sentir calma ante cada uno de ellos, ya que no tendrás que estresarte por realizarlo en ese preciso momento. Simplemente aprendes a observarlo, dejarlo y ocuparte de él cuando sea el momento adecuado.

Entrenamiento cerebral para la memoria

¿Cuándo fue la última vez que entraste en una habitación y no recordabas para qué estabas allí? Nuestro cerebro es como un músculo, y cuando lo trabajamos, gana fuerza. Si empiezas a pensar en tu cerebro de esta manera, te ayudará a tomar decisiones más positivas sobre las actividades que le permites realizar y aquellas de las que deberías mantenerte alejado.

Aunque la vida nos somete al estrés y no hay mucho que una persona pueda evitar, tenemos cierto control sobre lo que permitimos que nuestros cuerpos y mentes encuentren a diario. Por ejemplo, dormir mal noche tras noche puede afectar a nuestro estado de ánimo y a nuestra capacidad para recordar cosas. Aunque la mayoría de las personas no se proponen dormir mal, tampoco se hacen ningún favor viendo la televisión mientras se duermen o tomando cafeína demasiado cerca de la hora de acostarse.

Del mismo modo que una persona invierte en un gimnasio para sentirse más sana y fortalecerse, practicar ejercicios de entrenamiento cerebral puede mejorar la memoria con el tiempo y ayudar al cerebro a limitar la sobreestimulación. Al igual que se gana masa muscular con la repetición, centrarse en ejercicios repetidos para el cerebro puede crear el hábito de fortalecer la memoria.

Las técnicas de atención plena pueden ayudar a entrenar el cerebro al permitir que una persona se concentre más en su entorno y preste más atención a una tarea. Un estudio de Atención Plena descubrió que entrenar el cerebro para meditar o participar en actividades conscientes, como el yoga, tenía un impacto positivo en la memoria episódica y daba a los individuos más motivación para completar actividades más allá de la meditación y el yoga (Brown et al., 2016). Piensa en el entrenamiento cerebral como el crédito extra que mejora tu vida. Incorporar técnicas de entrenamiento cerebral puede ayudar a mantener una mente más aguda y prolongar la capacidad de tu cerebro.

Ideas conscientes para la memoria

Para tener éxito con el entrenamiento mental, empieza por reservar tiempo para ti, de modo que puedas crear el espacio mental y físico que necesitas. Es posible realizar actividades de entrenamiento mental tanto en el trabajo como en casa, pero tendrás que empezar poco a poco para crear resistencia. Céntrate en completar pequeñas prácticas al principio hasta que tu mente adquiera el hábito de incorporar el entrenamiento cerebral a tu día a día.

Al igual que con cualquier otra actividad, si te esfuerzas demasiado, es probable que te rindas rápidamente, así que tómate unos minutos para probar una actividad de la siguiente lista para empezar. Puedes simplemente reservar diez minutos antes de acostarte para escribir un diario sobre tu día o tranquilizarte con una meditación guiada. Con el tiempo, podrás realizar actividades que requieran más energía cerebral, pero, de momento, empieza con algo que te resulte fácil de hacer y que te dé una rápida sensación de logro.

Las siguientes ideas pueden ayudarte a empezar a ser más creativo con tu tiempo y tus logros. Estas ideas son formas generales de cuidar tu cerebro. Pueden proporcionarte un punto de partida para ajustar tu mentalidad y valorar la importancia de la salud cerebral.

- Empieza el día haciendo una lista de las tres cosas más importantes que tienes que hacer.

- Tómate un "descanso de pantalla" cada hora (camina durante varios minutos antes de volver a la pantalla). Intenta estirarte y presta atención a tu cuerpo antes de volver a sentarte.

- Escribe un relato sobre un recuerdo de tu infancia. Piensa en todos los sentidos mientras escribes: ¿qué puedes ver, oír, oler y saborear? Comenta uno de tus recuerdos de la infancia con tus padres u otro familiar para ver qué recuerdan y comparar sus historias.

- Visita una biblioteca. Saca un libro nuevo que te parezca interesante e intenta leer durante al menos 30 minutos cada día hasta que lo termines.

- Duerme entre siete y nueve horas seguidas cada noche (nuestro cerebro prospera cuando dormimos la cantidad de horas adecuada para nuestro cuerpo).

- Empieza a escribir tus sueños cada mañana. ¿Notas algún tema o mensaje recurrente? ¿Qué relación tienen con tu día a día?

- Explora tu curiosidad y aprende algo nuevo sobre un tema que te interese desde hace tiempo. Visita un museo o un taller, asiste a una charla o lee un libro sobre el tema.

- Visualiza tu día o un acontecimiento importante antes de que ocurra. Repasa cada detalle antes de que ocurra.

- Organiza una noche de juegos con amigos o familiares. Planifica actividades divertidas para hacer juntos, como juegos de mesa, charadas o quizás un concurso.

- Lee la biografía de alguien a quien admires o de quien sepas poco.

- Escribe un diario en el que reflexiones sobre todos los acontecimientos que recuerdes de tu día.

- Prueba un nuevo pasatiempo físico que requiera aprender una secuencia, como una clase de baile. Apoya tu memoria asistiendo cada semana y ampliando los pasos que aprendas.

- Mezcla cosas en tu rutina para hacer crecer tu memoria de los lugares a los que asistes con regularidad. Podrías tomar una nueva ruta para ir al trabajo, caminar en lugar de conducir o coger el transporte público, visitar una nueva cafetería el fin de semana... Todo esto ayuda a activar diferentes partes de tu cerebro y de tu memoria.

- Desafíate a ti mismo con nuevas formas de aprender idiomas. Puedes aprender un nuevo idioma, aprender lenguaje de signos básico en una clase o leer sobre nuevas palabras y vocabulario para utilizar en tu vida diaria.

- Escribe en tu diario una conversación que hayas tenido durante el día. ¿Qué detalles puedes recordar?

- Enseña a alguien una habilidad o algo que conozcas. Enseñar a los demás es una forma estupenda de consolidar nuestros conocimientos y nuestra memoria sobre las cosas que nos interesan y nos preocupan.

- Dedica tiempo a las personas que quieres para crear recuerdos significativos.

Nota: Las ideas de autocuidado anteriores ayudan a preparar el cerebro y el cuerpo para la práctica regular de la meditación de Atención Plena. En el Apéndice encontrarás audioguías gratuitas sobre las meditaciones de Atención Plena. Utiliza estas audioguías (en inglés) junto con las prácticas de autocuidado anteriores, mientras te embarcas en tu "Año de la Atención Plena".

Puntos clave

A estas alturas, probablemente ya habrás pensado cómo puedes incorporar a tu vida las ideas de Atención Plena contenidas en estos capítulos. Algunas son actividades más fáciles que otras, así que elige las que creas que añadirán valor a tu práctica de Atención Plena.

- Las capacidades cognitivas y la conciencia se ven afectadas cuando el cerebro sufre lesiones, lo que repercute en la conciencia, la memoria y la comunicación.

- Entrenar el cerebro con ejercicios de Atención Plena puede mejorar las funciones de memoria y recuerdo del cerebro.

- La comunicación dentro del cerebro se vuelve más difícil con la inconsciencia.

- Actividades como la observación mental pueden llevar a observar los pensamientos sin juzgarlos.

- La autoconciencia y la memoria mejoran con técnicas de atención plena que permiten al individuo centrarse en su situación presente.

Además de ayudar a la memoria, las actividades de atención plena benefician el funcionamiento cognitivo del cerebro. En el próximo capítulo, examinaremos más detenidamente las formas en que la inteligencia emocional puede mejorar mediante las elecciones y prácticas de la vida consciente.

Capítulo 4:

Aumentar el funcionamiento cognitivo mediante técnicas de Atención Plena

Ya lo has oído antes, pero la idea de "no dejar nunca de aprender" es realmente importante cuando se trata de mejorar las funciones del cerebro. Aunque ya has aprendido la importancia que el entrenamiento cerebral puede tener en la memoria, ahora es el momento de examinar más de cerca cómo las técnicas de atención plena nutren otras funciones importantes del cerebro. No solo fortalecen el cerebro mediante actividades cognitivas, sino que también ofrecen una forma de calmar las emociones y centrar los pensamientos en el presente.

Imagina que te despiertas por la mañana y por tu mente pasan las listas de tareas pendientes. Sigues rápidamente tu típica rutina matutina, lavándote los dientes, duchándote, vistiéndote y desayunando, mientras los ominosos recordatorios de lo que tienes que hacer se ciernen sobre ti, haciendo que cada tarea sea menos agradable.

Ahora, imagínate a ti mismo levantándote y realizando las mismas tareas matutinas, pero sintiéndote tranquilo y sereno mientras te concentras en cada tarea y te mantienes en el momento mientras la realizas.

Si esto te parece imposible o poco práctico, piensa por un momento por qué tu cerebro se bloquea intentando realizar varias tareas a la vez cada día. Para muchos de nosotros, nuestros pensamientos tienden a acelerarse cuando nuestros cuerpos están en piloto automático, realizando las actividades repetitivas para las que los hemos entrenado a lo largo de los años. Hasta cierto punto, nuestras mentes se han "aburrido" de las tareas físicas que hemos realizado una y otra vez y buscan formas de utilizar nuestro tiempo de manera más eficiente. A pesar de lo que nos digamos a nosotros mismos, la multitarea suele salir mal a muchos de nosotros.

Si esto te resulta familiar, la práctica de la Atención Plena puede ayudarte a crecer y a adaptarte al cambio. Al añadir prácticas de atención plena a tu día y entrenar a tu cerebro para que tenga un tiempo designado para concentrarse en el momento presente, puedes crear un hábito que apoye tu capacidad de concentración a lo largo del día. Por ejemplo, meditar es una forma de centrar la mente y observar los pensamientos mientras entran y salen de nuestro cerebro, pero la mayoría de nosotros no intentaría montar en bicicleta estática, ver una película y prepararse un sándwich mientras intenta meditar, ¿verdad?

Establecerse en la práctica de la meditación requiere dejar de lado otras tareas del día y sentir la quietud durante un tiempo determinado. Esto es también lo que suele desanimar a algunas personas a la hora de practicar la meditación. Estamos tan ocupados realizando actividades a lo largo del día que nos parece una pérdida de tiempo hacer una pausa para meditar. Esta es a menudo la mentalidad que impide a las personas aprovechar los beneficios de esta práctica.

En lugar de ver una práctica de atención plena como una interrupción, piensa en ella como una forma de incorporar la Atención Plena a cualquier tarea diaria. Mientras nos lavamos los dientes, comemos o fregamos los platos, podemos permanecer atentos y conscientes de nuestros pensamientos y sentir gratitud por poder participar en esas actividades.

Estimulando el cerebro

Para obtener los beneficios de la práctica de la atención plena, primero debemos comprender en qué nos estamos metiendo exactamente. La atención plena es una práctica arraigada en muchas visiones del mundo y religiones, desde el hinduismo hasta el budismo y el cristianismo.

Como práctica, se hizo más conocida en el mundo occidental cuando el autor, profesor y creador de la "Clínica de Reducción del Estrés", Jon Kabat-Zinn, empezó a enseñar a otros el valor de la Atención Plena junto con la reducción del estrés (Kabat-Zinn, 2013). Fue un enfoque revolucionario, cuando introdujo por primera vez esta filosofía como tratamiento para el dolor crónico. A título personal, ver un documental sobre el trabajo de Jon Kabat-Zinn me inspiró para llevar la investigación de Atención Plena al contexto neurológico.

Esta filosofía enfatiza la Atención Plena como un enfoque sin prejuicios de nuestros pensamientos para que podamos entrenar la mente a reconocer las experiencias internas y externas. Hacerlo nos da la oportunidad de realizar nuestras ideas sin las emociones o la presión que tendemos a poner en ellas.

Piensa en tu cerebro como en una fuente de energía. Cuando lo estimulamos con información nueva y variada, cobra vida y vitalidad. Del mismo modo, cuando lo entrenamos mediante la repetición de actividades conscientes que le resultan cómodas, aprende a confiar en esta fuente de nutrición.

Yoga holístico

Dado que la incorporación de una práctica de yoga holística trabajará para vigorizar la mente, el cuerpo y el espíritu, esta actividad puede ser la manera perfecta de comenzar tu viaje de Atención Plena. En los estudios sobre el bienestar y la capacidad de recuperación entre diversas poblaciones, los investigadores encontraron que "incluso una sola clase de yoga tuvo un efecto estadísticamente significativo en la mejora del estado de ánimo entre 113 pacientes psiquiátricos hospitalizados. Los pacientes estaban significativamente menos tensos/ansiosos, menos deprimidos/desanimados, menos enfadados/hostiles, menos confusos/desorientados y menos fatigados después de participar en una clase de yoga" (Hartfiel et al., 2011).

El yoga holístico pretende cuidar al ser humano como un todo, y esta práctica anima a la persona a participar en el movimiento que se siente bien para su cuerpo y su mente. El propósito es ganar autoconciencia y ralentizar nuestros pensamientos para que podamos existir en un estado de conciencia presente. Por lo tanto, se fomenta la práctica de aceptar lo que el cuerpo es capaz de hacer y adaptar los movimientos a esa capacidad. El yoga holístico también se centra en la conciencia de la respiración, que favorecerá una conciencia tranquila, y hace hincapié en la armonía del cuerpo en su conjunto a través de un estilo de vida saludable.

Meditación consciente

Al involucrar más plenamente los sentidos y la atención de la mente, una persona puede ganar apertura mental y conciencia que se traducen en numerosas actividades en la vida. La práctica de la meditación centrada en la observación consciente de pensamientos y sentimientos puede influir enormemente en el alivio del estrés y el fortalecimiento de nuestras capacidades mentales. "Los estudios que utilizan datos de autoinforme de individuos sanos han demostrado que la meditación de Atención Plena disminuyó los estados de ánimo negativos, mejoró los estados de ánimo positivos y redujo los pensamientos y comportamientos distractivos y rumiativos" (Hölzel, Lazar, et al., 2011).

Existe una gran variedad de técnicas para practicar la meditación consciente. Al comenzar tu viaje de Atención Plena, puede ser útil elegir una práctica que te resulte reconfortante y atractiva. De esta manera, es más probable que te quedes con una práctica a largo plazo para recibir aún más beneficios de la incorporación de Atención Plena. Aunque la meditación de atención plena requiere cierto esfuerzo, su beneficio es que es una forma libre y directa de sentir una sensación de alivio al notar tus pensamientos sin dejar que tu mente permanezca absorta en ellos.

Si quieres practicar la meditación consciente, ahora es un buen momento para intentarlo. Consulta el apéndice para acceder a audioguías gratuitas que te ayudarán a hacerlo. Para hacerte una idea del contenido adicional disponible, vamos a realizar una práctica rápida.

Siéntate en un lugar tranquilo donde no te interrumpan durante los próximos minutos. Si es necesario, ponte un cronómetro, pero intenta no mirar cómo pasan los segundos mientras meditas. El temporizador está ahí simplemente para devolverte al momento presente cuando hayas terminado de meditar. Ahora, cierra los ojos y respira. Observa cómo te sientes, tanto en tu cuerpo como en tu mente. Concéntrate en tu respiración. Al cabo de unos minutos, puede que notes que tu mente se ha desviado hacia otros pensamientos. Es normal y esperable. Cuando esto ocurra, vuelve a centrarte en la respiración. A medida que te vengan ideas a la cabeza, puedes colocarlas en una caja imaginaria o en una nube y visualizarlas pasando a tu lado. Simplemente observa, sin dejarte atrapar por los pensamientos ni sentirte estresado por ellos, y observa cómo se alejan.

Después de meditar durante un rato, es importante guiarte suavemente hacia la siguiente actividad. Tómate unos minutos para asimilar los efectos de la práctica que acabas de realizar y, a continuación, pasa conscientemente a la siguiente tarea.

Otras técnicas de meditación

Otras prácticas de meditación son un subconjunto de la meditación consciente y hacen hincapié en la conciencia mente-cuerpo, la compasión y la atención centrada. Estas prácticas han resultado terapéuticas para ayudar a pacientes y participantes a aliviar el dolor y los pensamientos ansiosos.

Conciencia cuerpo-mente

Ser consciente de la forma en que el cuerpo se siente y reacciona ante el entorno aporta una conciencia que puede ayudar a la persona a reducir la velocidad y tomar nota de la forma en que el cerebro y el cuerpo funcionan al unísono.

En un estudio sobre los efectos de las prácticas de meditación mente-cuerpo, 32 supervivientes de cáncer de mama se centraron en relajar partes de su cuerpo durante la meditación para reconocer qué zonas se sentían tensas o incómodas (Valluri et al., 2024). Al hacerlo, las participantes pudieron comprender que su tensión estaba relacionada con recuerdos del trauma que experimentaron a causa de su enfermedad. Pudieron utilizar este conocimiento para llevar pensamientos más positivos a las zonas de su cuerpo que necesitaban atención y relajación.

Compasión

Dado que las prácticas meditativas mantienen vínculos fundacionales con el budismo, las ideas de amor propio y bondad siempre han formado parte de la práctica. El concepto de tener suficiente compasión por uno mismo como para observar un pensamiento sin juzgarlo permite crear una conexión positiva entre la mente y el cuerpo. Podemos ser conscientes de nuestros puntos fuertes y débiles y utilizarlos para comprender mejor las decisiones que tomamos y los resultados que tienen.

En un estudio sobre prácticas de bondad amorosa, veteranos que se habían enfrentado a experiencias traumáticas y tenían un historial de ira participaron en meditaciones centradas en la compasión (Valluri et al., 2024). Se centraron en prácticas de respiración profunda, así como en la autocompasión, y descubrieron que los pensamientos estresantes disminuían con esta técnica.

Atención focalizada

Hay varias formas de practicar la atención focalizada.

Si alguna vez te has dado ánimos a ti mismo antes de un acontecimiento estresante o te has repetido una afirmación positiva, has practicado algo parecido a la meditación de atención focalizada. Al centrarse en un aspecto positivo de una situación, la idea es que una persona pueda disminuir sus pensamientos ansiosos o su dolor físico.

Meditación Trascendental (MT), los participantes han reducido eficazmente la tensión centrándose en una palabra o frase, como repitiendo un mantra (Valluri et al., 2024). Esto les permite centrarse en algo positivo y reducir los pensamientos estresantes.

La terapia cognitiva basada en la atención plena (MBCT) también ofrece un enfoque práctico para gestionar nuestra atención. Al combinar elementos de la meditación de Atención Plena con principios de la terapia cognitiva, la MBCT ayuda a las personas a cultivar la conciencia del momento presente. Mediante ejercicios suaves, la MBCT nos anima a observar nuestros pensamientos y sentimientos sin juzgarlos, lo que nos permite desligarnos de las reacciones automáticas y elegir hacia dónde dirigir nuestra atención.

Las prácticas de Atención Focalizada pueden consistir incluso en sentarse en silencio, por ejemplo durante 10 minutos, y seguir la respiración.

Con el tiempo, estas prácticas fortalecen nuestra capacidad de concentración, aumentando nuestra concentración y claridad en la vida diaria. Ya sea en el trabajo, en las relaciones o en los momentos de soledad, la Atención Plena nos dota de valiosas herramientas para afrontar los retos de la vida moderna con mayor facilidad y presencia.

Inteligencia emocional

¿Conoces a alguien que parezca tener un alto coeficiente intelectual pero que tenga dificultades para mantener regulado su estado emocional, o que tenga contratiempos cuando se trata de adaptabilidad? Hemos llegado a un tema que, para muchos, es difícil de reconocer y aún más difícil de conseguir el deseo de cambiar, ya que las cualidades de la inteligencia emocional tienden a ser más vagas que otras formas de inteligencia más mensurables.

La inteligencia emocional utiliza una conciencia interna que nos permite tomar el control de las emociones y guiar positivamente los pensamientos para sentirnos satisfechos y menos estresados (Jiménez-Picón et al., 2021). Este tipo de inteligencia nos proporciona la capacidad de comunicarnos de forma productiva y proactiva. También nos permite afrontar eficazmente cualquier factor estresante o conflicto de forma práctica.

Piensa en la inteligencia emocional como una voz interior útil y segura que nos conduce a una mayor conciencia de nosotros mismos y de nuestras relaciones con los demás. Sus cuatro atributos -autogestión, autoconciencia, conciencia social y gestión de las relaciones- desempeñan un papel integral en nuestra capacidad para sentirnos empáticos, lúcidos y adaptables (Segal et al., 2023). Mediante la meditación consciente, las personas pueden tomar conciencia y prestar atención a los aspectos que mejoran los rasgos de la inteligencia emocional. Incorporar una práctica de meditación consciente puede ayudar a aquellos que luchan por conectar con las cualidades de la inteligencia emocional, dándoles una salida para reducir su estrés y ganar autopositividad.

Ideas conscientes para el estado de alerta y la inteligencia emocional

La práctica de la Atención Plena se basa en la idea de que un individuo puede cultivar la conciencia de sí mismo para que le ayude en sus relaciones con los demás. Es importante pensar en formas de comunicarse eficazmente con los demás y comprender que la superación personal es posible.

Las siguientes ideas conscientes pueden proporcionar un sentido de concentración al tiempo que recuerdan a las personas que pueden aprender a gestionar sus sentimientos y emociones cada día. Algunas de estas sugerencias son pensamientos sobre los que reflexionar o escribir, y otras son técnicas para poner en práctica.

Recuerda hacer tuyas estas actividades adaptándolas a tu estilo de vida.

- Reflexiona sobre cómo influyen tus emociones o sentimientos en tu día a día. ¿Notas alguno demasiado fuerte, insuficiente o en su justa medida?

- Piensa en un conflicto reciente que hayas tenido con otra persona. Sin enfadarte ni emocionarte, ¿cómo evitarías o resolverías ese conflicto si pudieras volver a vivirlo?

- Utiliza tu empatía. Recorre una situación desde la perspectiva de otra persona.

- Practica la escucha activa. Cuando hables con otra persona, participa plenamente en la conversación, parafrasea lo que dice y utiliza señales no verbales.

- Celebra un logro positivo (aunque sea pequeño) al final de cada día.

- Cuando te sientas estresado, practica la respiración profunda. inhala lentamente por la nariz durante 30 segundos y luego suelta el aire suavemente por la boca. Haz tres respiraciones profundas antes de tomar decisiones precipitadas.

- Piensa en las personas o ideas que pueden provocarte estrés a lo largo del día y reflexiona sobre formas proactivas de abordarlas. Esto podría significar replantearse algunos límites o mantener conversaciones sinceras sobre si determinadas personas aportan valor a tu vida. Recuerda respirar hondo mientras reflexionas.

- Confía en ti mismo y en tu intuición. Ten en cuenta que tus ideas importan y tienen valor.

- Empieza a confiar en los demás y a ver lo mejor de ellos (esto les ayudará a confiar más en ti a cambio). Una pequeña forma de hacerlo es pedir ayuda cuando la necesites y confiar en que la persona a la que se la pidas pueda apoyarte de forma proactiva.

- Date cuenta de que tus reacciones ante conversaciones y situaciones son una elección (tú las controlas).

- Márcate objetivos personales y alcanzables.

- Si tienes los medios y la capacidad, planea algún viaje para conocer un lugar o una cultura nuevos. Recuerda que no necesitas ir muy lejos para conseguirlo. Incluso puedes intentar visitar una zona nueva o conocida de tu ciudad y fingir que eres un turista: ¿qué podrías ver o descubrir con esta perspectiva?

- Piensa en actividades sociales, aficiones o deportes que te solían gustar y para los que no has sacado tiempo últimamente. Acércate y vuelve a empezar.

- Haz preguntas. Esto no solo demostrará a los demás que te interesan sus ideas y consejos, sino que también aprenderás respuestas y harás descubrimientos sobre ellos.

- Acepta lo desconocido e intenta no agobiarte por las cosas para las que no tienes respuestas definitivas.

- Reflexiona sobre cuánto de lo que dices o piensas es en realidad una queja. Haz un diario para registrarlo. ¿Cómo podrías replantear estos pensamientos de forma positiva? ¿Puedes cambiar la queja? Si no, ¿cómo puedes olvidarla para siempre?

- Mantente presente (meditar ayuda a ello). Evita rumiar demasiado experiencias pasadas si ya no te sirven.

- Intenta hacer algo bueno por alguien (llevarle la comida a casa, donar ropa a una organización benéfica, barrer la entrada de la casa de alguien, etc.).

- Escucha las conversaciones que tienen lugar a tu alrededor (sin escuchar a escondidas). Presta atención a cómo interactúan los demás y escúchalos.

- Motívate (escucha música que te anime, recibe una charla de ánimo de una persona positiva, sé una persona de la que te gustaría ser amigo, etc.).

- Practica ignorar el teléfono (guárdalo en un cajón mientras trabajas o haces ejercicio, si es necesario).

- Siéntate y bebe un té de hierbas mientras despejas tu mente y recargas tu energía para el día. Prueba mi meditación en audio gratuita "A Mindful Cup of Tea" (ver apéndice).

- Cíñete a un horario. Cuando llegue la hora de salir del trabajo, ten algo que esperar después.

- Ríndete cuentas. Controla tus emociones a lo largo del día y date cuenta de lo que sientes.

- Empieza (o termina) un proyecto de manualidades.

- Afronta las experiencias con la mente abierta, como si pudieras aprender y crecer en el proceso.

Nota: Las ideas de autocuidado anteriores ayudan a preparar el cerebro y el cuerpo para la práctica regular de la meditación de Atención Plena. En el Apéndice encontrarás audioguías gratuitas sobre las meditaciones de Atención Plena. Utiliza estas audioguías (en inglés) junto con las prácticas de autocuidado anteriores, mientras te embarcas en tu "Año de la Atención Plena".

Puntos clave

Cada vez que seas capaz de tomar conciencia de tus sentimientos, tu cuerpo o tu mente, estarás un paso más cerca de tener una relación más fuerte contigo mismo y de apreciar tu energía y positividad. Esto beneficiará de forma natural a los que te rodean, ya que tu gratitud también se traslada a ellos.

- Incorpora prácticas de atención plena a tu rutina diaria y empieza a entrenar tu mente para centrarte en el momento presente. Esto puede ayudar a desarrollar un hábito que mejore la concentración general.

- Las prácticas de atención plena deben ayudar a eliminar el juicio de los pensamientos para que la mente pueda reconocer las experiencias internas y externas. Actividades como el yoga holístico y la meditación consciente dan a la persona la oportunidad de experimentar con esta idea.

- La conciencia mente-cuerpo, la compasión y la atención centrada ayudan a aliviar el dolor y los pensamientos estresantes.

- Una persona puede mejorar sus rasgos de inteligencia emocional a través de la meditación consciente y tomar conciencia de sus emociones.

Para entender cómo podemos empezar a incorporar técnicas que nos ayuden a estar más atentos antes, durante y después de actividades como el yoga y la meditación, es importante tener claro por qué estamos añadiendo esto a nuestras vidas. La atención plena nos permite tener un mayor control de nuestro mundo emocional y físico al darnos una nueva perspectiva.

Para reiterar los beneficios de esta práctica, a continuación echaremos un vistazo al impacto que las circunstancias estresantes pueden tener en nuestro bienestar, de modo que podamos comprender mejor la importancia de dedicar nuestro tiempo a actividades conscientes.

Capítulo 5:

Entendiendo el estrés: un enfoque consciente

Te despiertas un lluvioso lunes por la mañana, todavía aturdido por haberte quedado despierto hasta muy tarde la noche anterior porque querías terminar la película que estabas viendo. ¿De qué se trataba? Ahora te cuesta incluso recordarlo. Te das la vuelta en la cama y parpadeas varias veces para mirar el reloj. Ves los números 7:00 mientras tus ojos empiezan a sentirse pesados y a cerrarse de nuevo. ¡Espera! ¡Son las 7 de la mañana!

Saltas de la cama presa del pánico y miras alrededor de la habitación. Ves la maleta hecha y la ropa tendida, pero aunque salgas ahora, nunca llegarás a tiempo para coger el vuelo de las 8 de la mañana a tu conferencia de trabajo. Recorres la habitación a toda velocidad, preguntándote por qué te has quedado despierto hasta tan tarde, por qué has olvidado poner el despertador a una hora más temprana y, en general, por qué parece que nada te sale bien.

Mientras te pones la ropa, coges las maletas y terminas la sesión de cepillado de dientes más rápida del mundo, los hombros y el cuello se te tensan. Cuando sales por la puerta y te metes en el coche, sientes un atisbo de esperanza de poder llegar a la puerta y gritar al personal que mantenga las puertas abiertas un minuto más. Miras el reloj del coche. 7:20 a.m. ¿Cómo pasarás el control de seguridad y correrás lo suficientemente rápido para llegar a tiempo? Entonces te das cuenta de que los coches de delante reducen la velocidad. ¡Oh, hay tráfico! No, no puede ser.

Para cuando llevas esperando detrás de una fila de coches lo que parece una eternidad, tu mente empieza a correr con los "y si...". ¿*Y si me he olvidado de cerrar la puerta? ¿Y si no puedo comer nada hasta llegar al hotel y me muero de hambre en el avión? ¿Y si mi presentación en la conferencia sale fatal? ¡Oh, no! ¡Mi presentación!* Echas un vistazo al asiento trasero del coche, donde tu maleta descansa cómodamente, pero no tu portátil.

No te lo puedes creer, pero anoche te dejaste el portátil en la mesa de la cocina antes de empezar a ver la película y se te olvidó meterlo en la maleta. Bueno, ¡seguro que estás despedido! Debes decidir si dar media vuelta ahora o seguir adelante hasta el aeropuerto y esperar que un colega tenga una copia de tu presentación y un portátil que puedas utilizar. ¿Qué vas a hacer?

El impacto del estrés

El estrés no abandona nuestro cuerpo y nuestra mente en cuanto resolvemos una situación. Al contrario, lo arrastramos durante días, meses y, a veces, incluso años. Cuando nos enfrentamos a una situación desagradable, preocupante, aterradora o incluso de pesadilla, resulta casi imposible ver la luz al otro lado. Además, el estrés deja huella en nosotros de formas de las que ni siquiera nos damos cuenta.

La agitación, la ansiedad y la preocupación no son conceptos nuevos ni únicos. Todos los experimentamos la mayoría de los días, e incluso los practicantes de meditación y yoga a largo plazo se encuentran con estos sentimientos. La diferencia radica en nuestra capacidad para manejar estos factores estresantes. Con el tiempo, nuestros sentimientos intensos crean una barrera para nuestras habilidades y logros. Cuando experimentamos dificultades, nuestros instintos de lucha o huida reaccionan y queremos o bien ponernos en un estado de defensa agitada o bien retirarnos y reprimir nuestros sentimientos negativos. Cualquiera de las dos soluciones conduce a más estrés, ya que ninguna de ellas reconoce adecuadamente cómo reconocer nuestros sentimientos y calmar nuestro estado emocional.

Cuando llevamos con nosotros tensiones o sentimientos no resueltos, nuestro cuerpo y nuestra mente están abocados a derramar esas emociones tarde o temprano. Tensión muscular, problemas para dormir, problemas gastrointestinales, dolores de cabeza, tristeza o una falta general de motivación en la vida son solo algunos de los resultados problemáticos del estrés crónico (American Psychological Association, 2018). Con el tiempo, estos efectos repercuten en nuestro comportamiento y en nuestras relaciones con los demás. Por ejemplo, un individuo que confía en fumar cigarrillos y beber alcohol para tratar de relajarse está respondiendo a un sentimiento negativo mediante la adición de comportamientos nocivos a su estilo de vida.

Comprender que tus comportamientos pueden ser una respuesta a tus emociones es un paso útil en la dirección correcta para hacer cambios en tus hábitos. Las sugerencias al final de este capítulo te ofrecerán algunas ideas para aliviar el estrés, pero para llegar al origen de un problema, puede que necesites dedicar más tiempo a reflexionar sobre tus sentimientos personales para que éstos dejen de desencadenar comportamientos negativos.

Experiencias de vida

Dado que ahora conocemos el papel que desempeña el estrés en nuestras experiencias cotidianas, también podemos relacionarlo con el efecto de bola de nieve que tienen estos factores estresantes. En un interesante estudio realizado en 2013, se colocó a los participantes en la situación ligeramente estresante de tener las manos sumergidas en agua helada y, a continuación, se les mostraron imágenes de serpientes o arañas (Raio et al., 2013). El estrés en las funciones cognitivas de los participantes se acentuó con la exposición a un estresor adicional, dificultando la relajación del primero. Con esta idea en mente, es fácil ver cómo el estrés se acumula en nuestra mente, desviando nuestra atención de otras actividades, conversaciones o proyectos, acumulándose en nuestra psique con el tiempo.

Las experiencias negativas relacionadas con traumas pasados se trasladan a nuestro presente si no disponemos de técnicas para aprender de ellas. Es importante buscar tratamiento profesional si has vivido una circunstancia traumática y te está impidiendo alcanzar el éxito. Si crees que el estrés está afectando a tu capacidad para trabajar, hacer ejercicio o relajarte, hablar con un médico es un primer paso importante para recibir ayuda y tratamiento.

Ideas conscientes para controlar el estrés

Tanto si te enfrentas al estrés emocional como al físico, es vital que conozcas los métodos que puedes emplear para calmar la mente y el cuerpo de modo que no te impidan vivir constantemente. Las técnicas para afrontar el estrés y la ansiedad varían, pero aprovechar las oportunidades para cuidarse a lo largo del día te permitirá empezar a formar un hábito beneficioso a medida que sigues comprendiendo mejor la conexión entre el cerebro y el cuerpo. Elige entre las siguientes ideas cuando necesites liberar tensiones o apoyar tu práctica de autocuidado.

- Escucha música o podcasts que te calmen y te hagan feliz.
- Haz que tu mundo visual sea atractivo. Cuelga cuadros o pinturas que te gusten en tu casa u oficina.
- Date una ducha o un baño caliente.
- Utiliza aceites esenciales para calmar tu organismo.
- Prueba un libro para colorear.
- Empieza un proyecto artístico. Pinta, esculpe o construye una obra de arte.
- Reorganiza una habitación o zona de la casa (armario, baño, mesilla de noche). Siéntete orgulloso de pequeños logros como éste.
- Respira conscientemente: prueba a hacer respiraciones de caja o respiraciones centradas en la exhalación, por ejemplo, inhalando cuatro veces y exhalando seis veces.

- Tómate descansos a lo largo del día para caminar hasta que te sientas tranquilo.

- Habla con un amigo que te inspire.

- Participa en un acto comunitario benéfico (haz algo amable por los demás).

- Ríete (mira algo divertido o ríete con un amigo).

- Practica yoga o tai chi.

- Mantén el trabajo separado de tu espacio y vida personales (incluso dentro de casa, ten una zona separada reservada solo para el trabajo).

- Comenta los sentimientos estresantes con un profesional cualificado.

- Relaja conscientemente la mandíbula a lo largo del día.

- Establece límites para tu tiempo y cíñete a ellos (aunque te cueste).

- Deja que tu cuerpo descanse cuando estés enfermo. No te exijas demasiado.

- Replantea tu día. Antes de cualquier actividad que tenga el potencial de ser estresante, piensa: "¿Y si todo saliera bien?". Recorre mentalmente el mejor día que vas a tener.

- Mantente hidratado durante todo el día.

- Consigue una planta para tu oficina o tu casa (¡o ambas!).

- Siéntate en una silla cómoda durante toda la jornada laboral. Una postura adecuada puede mejorar el estado de ánimo.

- Aprende a perdonarte y a superar los errores. Ocurren.

- Practica la aceptación y la amabilidad a diario.

- Evita comportamientos compulsivos o vicios que no sean beneficiosos.

- Dedícate tiempo a ti mismo cada día (aunque solo sean 10 minutos).

- Sal al exterior en los días soleados.

- Estira los músculos.

- Come una fruta que te guste.

- Pasea por el parque. Observa los sonidos que te rodean (el canto de los pájaros, el viento que sopla entre los árboles, los ladridos de los perros, las conversaciones de la gente, etc.).

Nota: Las ideas de autocuidado anteriores ayudan a preparar el cerebro y el cuerpo para la práctica regular de la meditación de Atención Plena. En el Apéndice encontrarás audioguías gratuitas sobre las meditaciones de Atención Plena. Utiliza estas audioguías (en inglés) junto con las prácticas de autocuidado anteriores, mientras te embarcas en tu "Año de la Atención Plena".

Puntos clave

Naturalmente, ningún individuo desea una vida llena de ansiedad, pero el estrés puede aparecer con la vida moderna, más responsabilidades y traumas previos. Utilizar técnicas de atención plena para poner un punto y aparte en nuestro día, cultivar algo agradable para nosotros mismos y reenergizar nuestra mente puede ayudar a mitigar el estrés que todos experimentamos.

- El estrés puede permanecer en el cuerpo y la mente durante días, meses o incluso años después de la experiencia.

- Reconocer que tus sentimientos pueden influir en tus actos te permite dar el primer paso para cambiar tus hábitos.

- Los traumas del pasado pueden repercutir en el presente cuando no poseemos formas conscientes de procesar nuestros sentimientos.

- Hablar con un médico sobre el estrés que afecta a tu capacidad para trabajar, hacer ejercicio o relajarte es un paso positivo para buscar orientación y tratamiento.

- Dedicar tiempo a la meditación durante el día puede ayudar a establecer una rutina de autocuidado que lleve a una comprensión más profunda de la conexión entre la mente y el cuerpo.

En la siguiente sección, pasaremos a una de las ideas más difíciles asociadas con la Atención Plena. Cuando aprendemos a desprendernos del estrés innecesario y a crear límites, podemos encontrar una mayor conexión con nosotros mismos y con quienes nos apoyan y nos quieren.

Capítulo 6:

Cómo dejarse llevar con meditaciones diarias

¿Te has encontrado a ti mismo en plena faena cuando, de repente, aparece otro pensamiento intrusivo? *¡Date prisa! ¡Corre! ¡Escóndete!* te dices a ti mismo. Pero escapar de los pensamientos no deseados es difícil, sobre todo sin la ayuda de una práctica tranquilizadora.

Muchos de nosotros experimentamos pensamientos negativos o autocríticos. Además, puede que haya personas en nuestras vidas que aumenten nuestro estrés y nuestros pensamientos entrometidos, dificultando incluso las tareas más sencillas. En este capítulo, examinaremos cómo podemos alterar la forma en que pensamos sobre las ideas que nos causan daño para aprender a establecer límites con los demás y ser más productivos en nuestras experiencias diarias, aliviando las prácticas ansiosas y los resultados estresantes.

Pero antes de sumergirnos en esta sección, retrocedamos un momento para comprender por qué ciertos pensamientos parecen apoderarse de nosotros. En su mayor parte, los seres humanos somos intrínsecamente buenos. Queremos ayudar a los demás, mostrar empatía, esforzarnos y tener éxito en la vida. Por supuesto, hay excepciones, pero supongo que las personas que conoces personalmente en tu vida viven cada día con la intención de hacer lo que creen que es correcto. Sin embargo, se convierte en un reto cuando una mentalidad perfeccionista, pensar demasiado o un estrés inesperado afectan a nuestra capacidad de pensar con claridad.

Imagina que un amigo te envía un mensaje de texto para contarte la emocionante noticia de que le acaban de contratar para un nuevo trabajo. Dependiendo de dónde te encuentres en tu etapa laboral o vital, puedes alegrarte por él, pero si estás luchando con un trabajo que no te satisface o te causa estrés, tu respuesta a la noticia de tu amigo puede estar teñida de frustración, celos o enfado. La mayoría de nosotros no queremos sentirnos así y muchos ocultaremos cualquier negatividad, pero es humano experimentar una mezcla de emociones. En algunos casos, una respuesta inicial puede enconarse y desembocar en sentimientos de vergüenza, duda o insignificancia.

Entonces, ¿qué podemos hacer personalmente para tener más control sobre nuestros sentimientos y las respuestas que tenemos ante las ideas y los acontecimientos que surgen a diario? Puede que el concepto de "dejar ir" no sea fácil de poner en práctica, pero si entiendes lo que significa tener desapegos saludables y aprendes a establecer límites, estarás en camino de crear una mentalidad beneficiosa para ti mismo.

Desapego saludable

Si hasta ahora te has dado cuenta de que el concepto de Atención Plena conecta con tener una especie de "meta-conciencia" de tus pensamientos y experiencias, estás comprendiendo uno de los componentes clave de esta práctica. Como ya hemos dicho, el objetivo de muchas prácticas de atención plena es no dejarse atrapar por las emociones o sentimientos relacionados con las ideas que surgen en la mente y, en su lugar, simplemente observar estos pensamientos como si fuéramos ajenos a ellos.

La capacidad de concentrarse en la respiración y ser un espectador de los pensamientos adicionales requiere práctica, y puede lograrse con la meditación consciente regular. "Mientras se mantiene la atención explícita pero mínima en el ancla, se utiliza la metaconciencia consciente para percibir características de la experiencia en curso que no tienen que ver con el objeto explícito... sino con las características fuera del objeto" (Dunne et al., 2019). Un ejemplo de "foco en un ancla" podría ser el foco en la respiración o en el cuerpo.

La relación entre tener la capacidad de observar atentamente cómo flotan los pensamientos nos da una base para comprender los fundamentos de un desapego saludable. Dado que esta práctica se basa en encontrar formas de mostrarnos amables con nosotros mismos, es importante situar este concepto en primer lugar. No nos desapegamos para mostrar malicia o frialdad hacia los demás, sino que nos desapegamos con un enfoque consciente para el autocuidado y el crecimiento.

"Entre el estímulo y la respuesta hay un espacio. En ese espacio está nuestro poder de elegir nuestra respuesta. En nuestra respuesta reside nuestro crecimiento y nuestra libertad".

Me encanta la cita anterior, a menudo atribuida al Dr. Viktor E. Frankl. Es una poderosa ilustración de la libertad de elección que viene con la práctica de la Atención Plena y el sano desapego. Te empoderas con la capacidad de elegir conscientemente tus respuestas, en lugar de tener una reacción desencadenada. Esta idea permite a la persona buscar la paz, resolver problemas y avanzar.

Para descubrir de qué necesitas desprenderte, piensa por un momento en cómo puedes sentirte atascado a lo largo del día. Algunos de nosotros tenemos obligaciones necesarias, como ser cuidadores de niños o ancianos, por lo que el concepto de desapego sano necesita algunas aclaraciones, ya que a menudo se requiere nuestro servicio a los demás.

Considera qué objetos no te sirven para nada y cuáles podrían causarte más frustración si sigues apegado a ellos. A la hora de establecer límites saludables, considéralos para diversas categorías de la vida, como el trabajo, la familia, el hogar y las relaciones.

Límites en el trabajo

Podríamos tener los trabajos y los compañeros más increíbles del mundo, pero sin una separación entre el trabajo y la vida doméstica, nuestra mente puede sentirse continuamente apurada para seguir el ritmo y completar las tareas. Empieza a pensar en las líneas que podrías trazar en lo que respecta a tu energía mental. A menudo es difícil dejar atrás mentalmente el trabajo una vez que termina nuestra jornada laboral, así que establece una forma transitoria en la que puedas terminar el trabajo para que estés mentalmente preparado para dejarlo atrás. Esto podría significar incorporar un acto sencillo al final de la jornada laboral para recordar al cerebro que el trabajo ha terminado. Por ejemplo, encender una "canción de señal" que sea la misma todos los días o programar una alarma en el teléfono para recordar que es hora de dejar atrás esa parte del día.

Crear un límite de trabajo también puede significar decir "no" a veces. Por supuesto, es importante contribuir a nuestro trabajo. Al mismo tiempo, también necesitamos comunicar a los demás cuándo nos sentimos sobrecargados antes de que esto se convierta en un problema en el que nos sintamos quemados en el lugar de trabajo. La comunicación es clave en este caso, ya que crear este tipo de límites puede requerir discusiones con líderes o jefes, al tiempo que es vital ser claro y honesto sobre por qué es necesario establecer un límite. Si te resulta difícil establecer límites en el trabajo, habla con colegas amigos sobre los problemas que puedas tener y ve si hay alguna solución que puedan crear juntos.

La idea del libro de Oliver Berkeman *Cuatro mil semanas: Gestión del tiempo para mortales*, de Oliver Berkeman, explica de forma concisa la presión a la que nos sometemos al intentar realizar tareas: "En lugar de enfrentarnos a nuestras limitaciones, adoptamos estrategias de evasión en un esfuerzo por seguir sintiéndonos ilimitados. Nos presionamos más, persiguiendo fantasías de un equilibrio perfecto entre trabajo y vida privada... Sin embargo, negar la realidad nunca funciona" (Burkeman, 2021). Cuando no nos detenemos a reconocer nuestros pensamientos, propósitos o sueños internos, nos privamos de algo más grande y funcionamos como un simple engranaje de una máquina.

Límites en la familia

Decir "no" a los miembros de la familia puede ser a menudo más difícil que establecer límites con los compañeros de trabajo, por lo que establecer este límite requiere algunas sutilezas. Si soportas constantemente comentarios o acciones que te incomodan, párate a pensar en cómo te están afectando mental y emocionalmente. Sin enfadarte ni discutir, encuentra la manera de comunicar que te sientes incómodo cuando alguien utiliza un lenguaje o unas acciones odiosas o dañinas.

Tienes todo el derecho a protegerte a ti mismo y a tus seres queridos de los miembros de tu familia que te hacen sentir mentalmente agotado o que no apoyan tu bienestar. En tu deseo de cuidar de ti mismo, recuerda que un límite no tiene por qué ser permanente, pero puede proporcionarte un respiro para que puedas depositar tu energía positiva en otra parte. Expresar tus sentimientos a los miembros de tu familia es una parte clave de la creación de este límite. Es importante ser claro y directo al abordar estas discusiones, pero sin culpar a nadie. Explica con calma cómo te sientes y por qué has decidido que este límite es necesario para ti.

Límites en el hogar

Incluso vivir solo puede suponer un reto si no tenemos límites para nuestro espacio en casa. Por ejemplo, si el teléfono, la televisión o el ordenador portátil te distraen constantemente de otras actividades de las que podrías disfrutar en casa, puede que haya llegado el momento de poner límites a estas barreras que pueden impedirte vivir otras experiencias.

Si lo primero que haces por la mañana es desplazarte sin pensar por los mensajes de Internet, considera la posibilidad de evitar conscientemente la tecnología al menos durante los primeros 30 o 60 minutos del día. En lugar de eso, empieza el día siendo consciente de tus pensamientos y deja que te guíen hacia el autodescubrimiento. Empezar el día con una breve meditación puede establecer un tono de calma para tu mente a medida que te embarcas en lo que te depare el día.

Si vives con otras personas, crear límites personales en casa puede resultar difícil cuando los ruidos, las conversaciones y las interrupciones forman parte del día. Si te cuesta crear un límite para ti en tu propia casa, comunícales tu deseo de tener algo de tiempo para ti. Aunque pidas diez minutos al día para meditar a solas, leer un libro, dar un paseo o hacer ejercicio, es importante que expreses tu necesidad de disponer de este tiempo, ya que puede recargar tu energía y permitirte ser más productivo y estar más relajado.

Límites en las relaciones

Uno de los aspectos más difíciles de la creación de límites es el de las amistades cotidianas o las relaciones sentimentales. Podemos sentirnos culpables si no tenemos suficientes horas al día para estar con todo el mundo. Considera la posibilidad de reservar tiempo personal para completar actividades que queremos hacer o crea un límite con alguien que no valora nuestro tiempo o energía.

Si alguna vez sientes que estás experimentando fatiga mental como resultado de socializar con ciertas personas que drenan tu energía, podrías encontrarte con una nueva oportunidad para crear un límite.

Establecer un límite emocional para uno mismo requiere observar más de cerca las relaciones con los demás. Si los demás te menosprecian o si tienes discusiones sin resolver con una persona, es hora de reevaluar esa relación. ¿Te está sirviendo bien? ¿Qué podrías hacer con tu tiempo si no lo pasaras con esta persona? ¿Hay alguna esperanza de que la otra persona respete algún límite que le hayas puesto? Tómate un tiempo para pensar en lo que sientes cuando estás cerca de esa persona y en lo que sientes cuando están separados.

Los límites no tienen por qué ser permanentes, pero si te sientes perjudicado dentro de una relación, ya sea mental o físicamente, es hora de ponerles fin cuanto antes. Si crees que vas a necesitar ayuda para crear un límite con otra persona, especialmente en una relación dañina con una pareja, busca ayuda en un recurso de confianza, como un familiar, un amigo valioso o una línea de ayuda disponible en tu zona.

La creación de límites en las relaciones a veces puede ser un área compleja, ya que trata de emociones e ideas que pueden resultar incómodas de discutir para algunos. Acude a un terapeuta o consejero si tú o alguien que conoces tiene problemas con este tema.

Hay buenos libros sobre este tema, como los de Nicole Lepera y Nedra Tawwab, que orientan a los lectores sobre cómo establecer límites y formar relaciones sanas.

Desatascarte

En tu búsqueda de oportunidades para sentirte productivo y alejado de actividades o personas que te impiden crecer, es necesario que te centres en tu situación actual. Por supuesto, pensar en el futuro puede ser útil para planificar a largo plazo, pero anima a tu cerebro a ser consciente de tus circunstancias y realidad actuales. Por ejemplo, encontrar salidas para cualquier pensamiento ansioso puede crear un espacio para ellos sin darles el poder de tomar el control. Empieza hoy mismo a despejar tu mente reservándote entre cinco y diez minutos para preocuparte. ¡En serio! Puede parecer una tontería o incluso contraproducente, pero conceder a tu mente un tiempo limitado para pensar en el estrés que estás experimentando puede liberarte mientras sigues adelante con otros pensamientos más productivos durante el día.

Además, para "desatascarte" puede que tengas que engañar a tu cerebro para que se centre en una actividad más saludable, como practicar un deporte, hacer manualidades, hacer ejercicio al aire libre o ordenar el armario. Es posible que tu mente siga divagando hacia una idea estresante, pero puedes hacer que vuelva a tomar decisiones sobre la tarea que tienes entre manos para alejar los pensamientos ansiosos.

Si hay un problema que requiere atención inmediata, toma las decisiones más adecuadas para resolver lo que puedas, y luego date un respiro para centrarte en una actividad que pueda distraer tus pensamientos de las ideas estresantes o innecesarias. En lugar de pensar en esta actividad como una forma de aplazar tu estrés, considérala un método para añadir pausas saludables a tu día que te ofrezcan una liberación de los pensamientos no deseados.

Ideas conscientes para un desapego sano

Cuando consideres métodos de creación de límites y formas de sacar el máximo partido a tus intereses, recuerda dar un paso consciente hacia la creación de un espacio para tu límite. Si estás rompiendo con una persona a la que antes estabas muy unido, considera qué ha cambiado en tu vida o en la suya que puede que ya no te satisfaga o te llene de alegría.

Todos tenemos momentos de autoprogreso y desarrollo, así que, en varias etapas de tu vida, puede que descubras que necesitas pivotar para poder cuidarte y separarte de cualquier idea perjudicial hacia la que antes gravitabas. Deja que esta lista de ideas conscientes para un sano desapego te guíe en tu búsqueda de formas de romper con tu rutina y encontrar momentos para ti mismo.

- Escribe una lista de las aficiones que te gustan (o te gustaban). Prueba una de ellas esta semana.

- Simplifica tu vida. Piensa qué espacio físico y mental puedes crear para ti.

- Pregúntate: "¿Me sirve esto para algo?". Si no es así, plantéate dejarlo ir.

- Busca personas afines con las que puedas hablar.

- Intenta desconectarte de las redes sociales (aunque sea durante una o dos horas).

- Practica la comunicación con los miembros de tu familia. No debes permitir que nadie ignore tus necesidades, pero también tienes que darlas a conocer a los demás.

- Afronta los problemas de frente en lugar de evitarlos o esconderte de ellos.

- Busca ayuda profesional para limitar o eliminar el consumo de alcohol y drogas.

- Observa tus pensamientos cada día. Imagina que eres un observador externo de tu cerebro pensante.

- Cuando experimentes una decepción, tómate un momento para reflexionar sobre la experiencia. Date tiempo para reconocer por qué estás decepcionado, encuentra una manera de aceptar el sentimiento y luego déjalo ir.

- Reconoce que tus sentimientos son poderosos y que puedes sentirlos.

- Concéntrate en tu respiración durante varios minutos para romper el ciclo de pensamientos rumiativos.

- Tómate un tiempo a solas para reflexionar sobre tu día.

- Reconoce que puedes mostrar compasión y comprensión sin enredarte en las perspectivas o conflictos de los demás.

- Expresa tus necesidades de la forma más concreta posible.

- Sé coherente con los límites que has establecido.

- Identifica cualquier creencia antigua que necesites actualizar.

- Escucha a los demás sin juzgarlos.

- Concédete "tiempos muertos" cuando te sientas ansioso o estresado (permítete un tiempo de recuperación).

- Pregúntate: "¿Qué está bajo mi control en este momento?".

- Date cuenta de que hay muchas posibilidades de resultados en lugar de solo una. Cuando te enfrentes a una elección importante, haz una lluvia de ideas con todas las que se te ocurran.

- No esperes a que te llegue la felicidad: planifica actividades que te hagan feliz.

- Pregúntate: "¿Qué he aprendido de esta experiencia?".

- Reflexiona sobre si determinados alimentos o la falta de ejercicio pueden estar obstaculizando tu capacidad de desapego.

- Ponte alarmas para hacer "pausas mentales" a lo largo del día.

- Practica las conversaciones difíciles antes de tenerlas.

- Espera un momento antes de responder a una pregunta difícil (haz una pausa y piensa primero).

- Reconoce que los traumas del pasado pueden influir en futuros apegos o desapegos. Trabajar con un terapeuta o consejero puede ayudar a desentrañar y comprender el trauma para que pueda producirse la curación.

- Reconoce que la vida no siempre es exactamente como la planeamos, pero que es una oportunidad para crecer y aprender. Desprenderse de viejas expectativas nos libera para dar la bienvenida a nuevas oportunidades.

Nota: Las ideas de autocuidado anteriores ayudan a preparar el cerebro y el cuerpo para la práctica regular de la meditación de Atención Plena. En el Apéndice encontrarás audioguías gratuitas sobre las meditaciones de Atención Plena. Utiliza estas audioguías (en inglés) junto con las prácticas de autocuidado anteriores, mientras te embarcas en tu "Año de la Atención Plena".

Puntos clave

Comprende que habrá altibajos en tu camino hacia la Atención Plena. Algunos días, puede resultar difícil crear un espacio en el que puedas observar tus pensamientos y ser consciente de las oportunidades presentes. En esos días, considera poner tus "frenos emocionales" y encontrar una actividad o persona que te ayude a restablecerte. Cuanto más tiempo dediques a ser feliz, más natural te resultará encontrar tiempo para este sencillo acto.

- Los desapegos saludables dan a una persona la oportunidad de dejar atrás relaciones inseguras o poco saludables.

- Crear una distancia respecto a una actividad o individuo que no contribuye positivamente a nuestro bienestar puede ser una forma de autocuidado.

- Los límites con el trabajo, la familia, el hogar y las relaciones pueden ser necesarios para obtener un mejor sentido de autoconciencia y bienestar.

- Permanecer en el momento presente con la Atención Plena puede ayudar a una persona a adaptarse a un nuevo límite.

El próximo capítulo te dará la oportunidad de reflexionar sobre tus rutinas diarias para ver cómo las elecciones conscientes pueden convertirse en una parte más natural de tu vida. Al fin y al cabo, cuando aprendes a vivir en paz, entiendes cómo vivir con atención plena.

Capítulo 7:

Vivir con tranquilidad

Si sientes envidia de la vida de los demás, recuerda que la hierba no siempre es más verde al otro lado de la valla. Aunque algunos días sientas que no lo tienes todo controlado, es importante recordar que la mayoría de los adultos se enfrentan a retos constantes y se benefician tanto del apoyo externo como de sus propias prácticas de Atención Plena.

La Atención Plena ha recorrido un largo camino desde su adopción de las primeras filosofías religiosas. La idea del "no yo" del budismo tradicionalmente significaba que, dado que una persona naturalmente gravita hacia pensar primero en sí misma en el mundo y en los objetos que pueden llegar a ser suyos, las prácticas de atención plena le permitirían asentar este anhelo para que esta actitud competitiva no esté presente (Giles, 2019). La filosofía budista anima a dejar atrás ideas egocéntricas como los celos, la envidia y la codicia para que estas no se conviertan en el centro de la vida de una persona.

Si bien la Atención Plena en la cultura occidental tiene muchos vínculos con las tradiciones del budismo, el concepto de dejar atrás el "yo" para vivir una vida más plena probablemente no conectaría con un individuo que está trabajando para disminuir el estrés. Trabajar para calmar el cuerpo físico, aliviar los pensamientos intrusivos y eliminar las preocupaciones persistentes tiende a significar que debemos adoptar un enfoque interior para comprendernos profundamente a nosotros mismos y nuestros valores.

Con esto en mente, piensa en la Atención Plena como una forma de lograr una mayor sensación de minuciosidad en todos los aspectos de nuestra vida. Nos da la oportunidad de entrar en cualquier situación comprendiéndonos a nosotros mismos para no tener que convertirnos en alguien que no somos. El objetivo, en cambio, es reconocer nuestros sentimientos mientras vivimos de forma consciente y pacífica.

Vivir tranquilo, no de forma perfecta

¿Alguna vez te has encontrado en un momento de frustración y no te sientes orgulloso de tu comportamiento? Por ejemplo, si alguien te corta el paso en el tráfico, puede que te encuentres echando humo de rabia, con el corazón acelerado mientras tus manos agarran el volante. En muchas situaciones, nuestro cuerpo puede decirnos mucho sobre cómo nos sentimos sin que tengamos que hablar ni pensar mucho al respecto.

Hay algo a favor de la idea de trabajar para tener sentimientos más neutros cuando meditamos o practicamos actividades con Atención Plena. Por supuesto, esto no es fácil cuando tenemos grandes emociones que pueden interponerse en el camino, pero una idea clave que puede ayudar es centrarse, en pequeñas formas, en el progreso y no en la perfección.

Eliminar de los elementos físicos

Vivir con tranquilidad no tiene por qué significar que desarraigues tu vida por completo y te vuelvas irreconocible, pero sí que tomes decisiones conscientes sobre lo que quieres mantener cerca de ti y lo que no. Empieza por considerar tu espacio físico y los objetos que ya no te sirven. Piensa en los objetos domésticos y la ropa que ya no necesitas y empieza a vivir tranquilamente con la mentalidad de que los objetos físicos no equivalen a la felicidad. Cuantos más tenemos físicamente a nuestro alrededor, ocupando espacio, más tendemos a sentir una aglomeración dentro de la mente.

Empieza a decidir conscientemente qué objetos de tu casa o de tu armario podrías donar para crear un entorno libre de desorden para tu cuerpo y tu mente. Parafraseando el concepto que Marie Kondo comparte en su hermoso libro The Life-Changing Magic of Tidying Up (La magia de ordenar que cambia la vida), puede ser útil plantearse la pregunta "¿Me aporta alegría este objeto?" a la hora de decidir si conservar o no un objeto.

Eliminar las decisiones

Además de sentirnos abrumados cuando nuestro espacio físico se abarrota, nuestra mente se estresa cuando tenemos que tomar demasiadas decisiones diarias. Esto no quiere decir que ya no necesitemos realizar las tareas necesarias, pero en muchas circunstancias, añadimos estrés a nuestro día con nuestra incapacidad para simplificar. Cuando tenemos demasiadas opciones sobre qué ponernos, comer, mirar o desplazarnos, nuestra mente se sobreestimula hasta el punto de sentirse perdida en el proceso de toma de decisiones.

En lugar de intentar abarcar todas las actividades que te rodean, empieza a tomar decisiones firmes sobre qué actividades son necesarias y cuáles no. Cuantas menos decisiones tenga que tomar tu cerebro a diario, más despejado te sentirás cuando surjan decisiones importantes. Gasta tu energía en lugares con propósito y considera qué decisiones puedes eliminar para sentirte más libre.

Tu Grupo Central

Cuando aprendiste a establecer límites en el Capítulo 6, hablamos de tomar un descanso de las personas que no apoyan tus objetivos conscientes. Ahora puedes profundizar aún más en esta idea evaluando quién te hace sentir valorado, deseado y feliz para crear tu "grupo central". Piensa en quién respeta tu trabajo, tu tiempo, tus actividades y otros aspectos generales de tu vida, y mantén a estas personas cerca. Del mismo modo que querrías apoyar a los demás haciéndoles saber lo especiales y valorados que son, este grupo central debería estar formado por individuos que te recuerden lo excepcional que eres.

Un grupo central no tiene por qué ser un grupo grande. Puedes mantener este grupo reducido, ya que se trata de amigos y familiares destacados con los que quieres pasar tiempo de calidad. Si te sirve de ayuda, crea una lista de tres o cuatro personas que sepas que te apoyarán tanto en los momentos difíciles como en los de éxito. Estas personas no tienen por qué ser amigas entre sí, sino que pueden ser individuos independientes que te harán sentir feliz y en paz.

Entendiendo quién necesitas ser

Ahora que ya has pensado en cómo establecer límites y crear un grupo que te apoye, date cuenta de que, aunque no tienes por qué vivir en una isla, a veces puedes hacerlo. Esto significa que no necesitas estresarte con sentimientos de culpa u obligación cuando tengas que decir "no" a los demás. Sí, la amistad es una calle de doble sentido que requiere que las personas ofrezcan el apoyo que querrían recibir, pero también deberías sentirte cómodo tomando tus propias decisiones sobre cómo reservar tiempo y energía para ti.

Al planificar tu tiempo con los demás, reserva tiempo para ti. El tiempo a solas puede ser más práctico y beneficioso de lo que creemos. Lo más probable es que entiendas que cuando estás "de un lado para otro" durante todas las horas del día, puedes cansarte rápidamente de esta forma insostenible de existir.

Teniendo esto en cuenta, la práctica de la Atención Plena puede ayudarte a conocerte mejor a ti mismo y tus necesidades para que puedas elegir en qué actividades ahorras energía y, en cambio, cuándo necesitas descansar. Esta idea debería tener cierto sentido si lo piensas: si intentamos abarcar demasiado, nuestra salud mental puede resentirse, provocando ansiedad o estados depresivos. Específicamente en estudios del cerebro, la depresión puede ocurrir como resultado de las emociones que impactan en la amígdala debido a la hiperactividad en esta área del cerebro (Barnhofer, 2019). Cuando nuestro estrés continúa, esta área permanece hiperactiva a menos que podamos hacer cambios para calmarla.

Otros estudios han señalado los beneficios del Entrenamiento Cognitivo Basado en la Atención Plena (MBCT) en la alteración de la plasticidad cerebral para la reducción del estrés en pacientes (Barnhofer, 2019). Las conclusiones de estos estudios pretenden dar una idea de cómo Atención Plena puede disminuir los pensamientos negativos y mejorar el estado de ánimo del paciente a través del entrenamiento de Atención Plena, ya que los pacientes pueden reconocer mejor y desapegarse de los patrones de retroceso relacionados con el estrés.

Al reservar tiempo para las prácticas de atención plena, apoyamos la salud de nuestro cerebro al permitirle también la transición de una actividad a otra. Esto ayuda a nuestra adaptabilidad en muchas situaciones. Cuando somos capaces de mantenernos flexibles, también somos capaces de desarrollar nuestra resistencia emocional, lo que nos permite afrontar mejor futuros momentos de estrés. Sí, seguimos sintiéndonos nerviosos y preocupados, pero podemos desenvolvernos con más soltura en nuestro mundo.

Una pregunta sencilla

Cuando la vida te parezca excesivamente complicada y necesites una guía aún más dirigida para conseguir cierto control sobre tu camino hacia la paz, vuelve a una idea sencilla. Este concepto puede ayudarte en tus días más duros, cuando trabajar, cuidar de otros o simplemente salir de casa te resulte difícil. Pregúntate: "¿Qué es lo que más necesito ahora mismo?" y espera a que tu mente responda a esta pregunta. Soy consciente de que puede sonar ridículo, pero inténtalo la próxima vez que estés perdiendo el control. Siéntate en un lugar tranquilo, cierra los ojos, respira hondo y reflexiona sobre esta pregunta a ver qué pasa.

Me he dado cuenta de que cuando intento hacerme esta pregunta y esperar una respuesta, al final aparece algo definitivo. Tu cerebro sabrá lo que necesitas cuando lo necesites. A veces, mi cerebro quiere que me siente más tiempo a meditar mientras me tranquilizo. Otras veces, mi mente me da una sola afirmación tranquilizadora, como "Puedo hacerlo", que me impulsa a seguir por el resto del día. De vez en cuando, mi cerebro me dice que me dé un capricho que sea bueno para mi cuerpo, como un baño. Lo que me viene a la mente mientras estoy sentada me dice que eso es lo que necesito, y permitírmelo es un regalo para mí misma.

Pruébalo la próxima vez que necesites liberarte. Simplemente pregúntate: "¿Qué es lo que más necesito ahora mismo?".

Ideas conscientes para la paz y la resistencia

Recuerda que tomarte tiempo para recordar lo que amas en la vida puede ayudarte a mantenerte arraigado en el momento presente. A medida que consideres la posibilidad de adoptar en tu vida los elementos que se indican a continuación, es posible que desees buscar un diario o cuaderno para llevar un registro de tu camino hacia la paz y la resiliencia. Empieza escribiendo algunas cosas por las que te sientas agradecido en ese momento para empezar a crear un hábito de agradecimiento.

- Haz una lista de cinco cosas que hayas logrado o intentado por primera vez en lo que va de año.

- Adopta una visión más amable y compasiva de los demás, tanto si los conoces como si no. Practica el no juzgar e intenta, en cambio, sentir curiosidad por los demás.

- Muéstrate amable contigo mismo con una actitud que no te juzgue.

- Simplifica tu vida eliminando cosas de tu casa.

- Pasa tiempo en lugares que te gusten de tu casa.

- Sal al aire libre. Emprende nuevas aventuras.

- Prueba a utilizar cortinas opacas en tu dormitorio. Esto te ayudará a descansar mejor por la noche y a despertarte más fresco.

- Invierte en una manta acogedora o en sábanas cómodas (¡o en ambas cosas!).

- Intenta anotar los placeres sencillos de tu día (comer alimentos deliciosos y saludables, probar algo nuevo, felicitar a alguien, etc.).

- Reconócete a ti mismo por las actividades, habilidades o aficiones que puedes hacer, y no quedarte atrapado en lo que no puedes hacer.

- Reconoce que no estarás siempre en el mismo momento estresante (todo es temporal).

- Registra los desencadenantes que puedan alterarte y reflexiona sobre lo que puedes hacer al respecto.

- Lleva un calendario o una lista de tareas con tus "cinco principales" tareas necesarias cada semana.

- Añade variedad a tu vida (toma una nueva ruta para ir al trabajo, prueba una nueva comida, escucha música nueva).

- Únete a un grupo o club que te apasione.

- Haz una lista de modelos a seguir en tu vida. Escribe un diario sobre las cualidades que admiras en ellos.

- Ríete y mantén el sentido del humor a lo largo del día.

- Sé flexible y adaptable cuando los acontecimientos no salgan como tú quieres.

- Dedica tiempo a preparar y practicar discursos y presentaciones.

- Sé consciente del número de veces que compruebas el correo electrónico personal o los mensajes de texto a lo largo del día.

- Cuando estés estresado, prueba a utilizar aceites esenciales o esencias de lavanda para calmarte.

- Date un baño de burbujas.

- Pinta o colorea un cuadro.

- Tómate unas "minivacaciones" de fin de semana para ti solo.

- Utiliza una loción calmante antes de acostarte.

- Escribe una entrada en tu diario sobre algo que te enfada, luego rompe el papel y tíralo. Imagina que se trata de un enfado innecesario del que te estás deshaciendo.

- Reserva al menos un día al mes para quedarte en casa y recargar energía.

Nota: Las ideas de autocuidado anteriores ayudan a preparar el cerebro y el cuerpo para la práctica regular de la meditación de Atención Plena. En el Apéndice encontrarás audioguías gratuitas sobre las meditaciones de Atención Plena. Utiliza estas audioguías (en inglés) junto con las prácticas de autocuidado anteriores, mientras te embarcas en tu "Año de la Atención Plena".

Puntos clave

Sigue identificando los aspectos positivos de tu vida y escríbelos en una lista rápida que puedas consultar en los momentos difíciles. Cuando seas capaz de apreciar las ideas y los elementos por los que estás agradecido, te resultará más fácil sentirte realizado con la vida que te has construido.

- En la filosofía budista, la Atención Plena se centra en eliminar conceptos egoístas como los celos, la envidia y la codicia y, en su lugar, fomenta la separación entre esos sentimientos y la mente humana.

- Eliminar los objetos físicos y las decisiones que ya no te sirven puede ayudarte a centrarte en un sentido de propósito más fuerte. Además, elegir un grupo básico que te apoye puede ayudar a establecer una relación conectada con amigos y familiares alentadores.

- Las prácticas de atención plena alivian el estrés y la sobreestimulación del cerebro para que la mente pueda desapegarse y empezar a aprender hábitos más saludables durante los contratiempos difíciles.

Hemos llegado a un punto crucial en el que podemos empezar a centrarnos en algunos de los aspectos de la vida en los que la Atención Plena puede resultar más útil. Dado que un día de trabajo puede convertirse en uno de los aspectos más ansiógenos de la vida si se lo permitimos, ahora discutiremos cómo manejar y tomar el control de esta parte de nuestro día con gracia y preparación.

Capítulo 8:

Respiración consciente para la jornada laboral

Si pudieras pedir un deseo sobre tu trabajo o lugar de trabajo ahora mismo, ¿cuál sería? ¿Desearías tener un sueldo más alto? ¿Desearías tener un jefe más amable y comprensivo? ¿Desearías tener compañeros de trabajo que valoraran y apreciaran sus esfuerzos cada día?

La mayoría de nosotros soñamos con mejorar al menos un aspecto de nuestra vida laboral, pero cambiar cualquier cosa de un trabajo puede ser un reto y sentirse fuera de nuestro control. Muchas personas anhelan un equilibrio entre la vida laboral y personal que les permita dividir el tiempo a partes iguales entre el trabajo y la diversión, de modo que no lleven el peso del trabajo a su vida personal. Pero, ¿es esto posible en un mundo occidental que se nutre de la industria y la productividad?

Lamentablemente, "el 40% de los trabajadores afirma que su trabajo es muy o extremadamente estresante" y "el 25% considera que su trabajo es el factor estresante número uno de su vida" (Batson, 2021). Evaluar la felicidad durante una jornada laboral suena subjetivo -y hasta cierto punto, lo es-, pero teniendo en cuenta esta estadística, la mayoría de nosotros no podemos negar que tener un trabajo estresante no es la idea que nadie tiene de un día perfecto.

En esta sección, exploraremos cómo reducir la sensación de estrés en el lugar de trabajo y fuera de él. Con técnicas de respiración consciente, podemos reconocer mejor cuándo nos sentimos ansiosos por el trabajo y aprender a hacer pausas para recargarnos en esos momentos. También hablaremos de formas de equilibrar mejor la vida y el trabajo para que este último no se convierta en la mayor parte de nuestro día.

Aunque la mayoría de nosotros consideramos el trabajo una parte necesaria de nuestras vidas, hay formas de mejorar nuestra forma de pensar sobre el trabajo para que sus retos se conviertan en oportunidades de aprendizaje más productivas.

¿Qué es realmente el trabajo?

Al comprender los conceptos que se expondrán en este capítulo, me doy cuenta de que la palabra "trabajo" podría parecer limitadora. Después de todo, ¿qué es el trabajo? Todos tenemos "trabajo" que realizar, ¿verdad? Esta simple palabra contiene muchos significados y, para algunos, puede tener una connotación negativa. Al replantearnos y redefinir el "trabajo", podemos explorarlo de nuevas maneras. Aunque muchas de las ideas presentadas aquí podrían relacionarse con un trabajo de nueve a cinco, también podrían conectarse con cualquier tarea que se sienta necesaria cada día.

Dado que hay todo tipo de trabajos, así como personas que trabajan para llevarlos a cabo, primero es necesario describir las variedades de trabajo porque cada una tiene su importancia. Los directivos de las grandes empresas trabajan para asegurarse de que los empleados completan las tareas y están satisfechos en sus puestos. Los empleados principiantes de una empresa trabajan para adquirir experiencia y aprender a dirigir. Los entrenadores de un gimnasio trabajan para entablar relaciones con los clientes y motivarles a hacer ejercicio. Los cuidadores no remunerados trabajan para ayudar a sus seres queridos en momentos de necesidad y dependencia. Los padres que se quedan en casa trabajan para tomar cada día decisiones difíciles para sus familias. Independientemente del tipo de "trabajo" del que formes parte, marcas la diferencia en la vida de los demás y necesitas apoyo y alimento para seguir haciéndolo.

Como es obvio que la idea del "trabajo" no entusiasma a todo el mundo de inmediato, identificar cualquier punto problemático o área susceptible de mejora debe ser un primer paso para sentir satisfacción con el trabajo. Aunque hacer esto no tiene por qué ser una tarea monumental, es un comienzo importante para entender cómo cambiar o adaptarse a las situaciones laborales. Al igual que en otras áreas de nuestra vida, necesitamos una experiencia sostenible para no quemarnos demasiado rápido en lo que respecta al trabajo.

Tómate un tiempo para examinar tu situación actual y las partes de ella que crees que podrían ser mejores. ¿Qué haría falta para mejorar? ¿Qué conversaciones tendrías que mantener? ¿Cómo crees que irían esas conversaciones? Si necesitas hacer alguna lista en este proceso, ahora es el momento de sacar papel o un cuaderno para apuntar ideas. No hay respuestas erróneas en el proceso de lluvia de ideas, así que siéntete libre de enumerar cualquier cosa que te venga a la mente mientras evalúas tu experiencia de trabajo.

Evaluación del estrés laboral

Imagina tener un trabajo en el que puedas levantarte por la mañana después de una noche de sueño reparador, disfrutar de ocho horas productivas de trabajo ininterrumpido y terminar el día haciendo actividades que te gusten sin ni siquiera recordar tu trabajo. Sí, claro. Si estás poniendo los ojos en blanco en este momento, yo también lo estoy haciendo: esto parece imposible en cualquier tipo de trabajo.

Una pregunta importante que debes empezar a hacerte es: "¿Qué hace que tu trabajo sea especialmente estresante?". Es posible que tengas una lista interminable de ejemplos para responder a esta pregunta, pero vamos a centrarnos en uno o dos de ellos por ahora. Si has tenido la oportunidad de reflexionar sobre lo que podría mejorar tu trabajo, no dudes en utilizar una o dos ideas de esta lista. En realidad, probablemente podrías clasificar el estrés laboral en una de las siguientes áreas: la física, la emocional y la organizativa. Lo más probable es que cualquier fuente de estrés que enumere pueda entrar en una de estas categorías, así que tómese un momento para decidir a qué categorías pertenecen sus principales ejemplos.

Para comprender más profundamente qué implicaciones podría tener cada categoría, examinaremos a continuación algunos ejemplos de estrés en estas categorías.

Estrés físico en el trabajo

El estrés físico de un trabajo puede acumularse exponencialmente. Esta categoría suele ser una de las más estresantes si nos centramos en la sostenibilidad de un trabajo. Por ejemplo, si levantas objetos pesados, soportas ruidos fuertes o trabajas con poca luz durante todo el día, es probable que el estrés derivado de ello afecte físicamente a tu cuerpo con el tiempo.

Estrés emocional en el trabajo

Pregunta: ¿Qué es a veces más difícil de sobrellevar que el estrés físico de un trabajo?

La respuesta: La carga emocional que conlleva.

Cuando se consideran los agravantes laborales, los factores de estrés psicológico como el acoso, las malas relaciones laborales, las onerosas exigencias del trabajo o la angustia mental repercuten en el bienestar emocional de una persona. Algunas personas pueden considerar que esto "forma parte del trabajo", pero es importante analizar más de cerca los resultados que factores como estos causan con el tiempo, ya que una persona puede descubrir que su carrera puede no merecer la pena a largo plazo.

Estrés organizativo en el trabajo

El estrés organizativo en un puesto de trabajo suele ser un poco más sutil, pero puede aparecer con el paso del tiempo. Si la estructura de gestión de un lugar de trabajo perjudica con el tiempo el rendimiento de los empleados, todos salen perjudicados. Aunque este tipo de estrés también puede afectar emocionalmente a una persona, su causa radica en las deficiencias de una empresa en su conjunto. Por ejemplo, si a los empleados no se les dan las herramientas adecuadas para completar un trabajo, el estrés puede desarrollarse. Por supuesto, los empresarios pueden utilizar esta falta de recursos como una forma de hacer que los empleados demuestren su ingenio y creatividad, pero hay muchas otras formas de permitir que los empleados demuestren estas habilidades al tiempo que satisfacen sus necesidades básicas. Una cultura organizativa que fomente la comunicación abierta y la confianza y apoye el bienestar del personal puede beneficiar tanto a la empresa como a los empleados.

Perspectiva laboral

Como bien sabes, el impacto de tener un trabajo no solo pesa sobre una persona en un momento determinado. Acumulamos estrés como una bola de nieve de una tarea a otra, por lo que es importante disponer de herramientas para combatirlo antes de que se descontrole.

Si alguna vez has experimentado un trabajo en el que hay un alto índice de rotación, una baja moral de los empleados o un absentismo excesivo, es probable que te hayas tomado algún tiempo para contemplar si merece la pena continuar con este trabajo. Al reflexionar sobre tu decisión, comprende que no estás solo y que alguien, en algún lugar, está sintiendo lo mismo.

Incluso en los momentos más estresantes de tu trabajo, recuerda que, en la mayoría de los casos, puedes elegir los resultados. Incluso en los casos en los que una persona se siente atrapada en un trabajo que le causa estrés, puede tomar decisiones sobre cómo proceder. En algunos casos, esto podría significar dejar el trabajo por completo, pero no tiene por qué ser así. Mantener una conversación importante con otras personas sobre el equilibrio entre la vida laboral y personal, los factores estresantes del trabajo o las exigencias físicas de la jornada puede provocar un cambio en la confianza y la producción en el trabajo.

Darte a ti mismo más información sobre cómo te sientes con el trabajo que haces cada día puede ofrecerte el conocimiento que necesitas para tomar algunas de las decisiones difíciles sobre qué hacer a continuación. Piensa en tu respuesta a las siguientes preguntas y en los motivos que la justifican:

- ¿Te sientes importante en tu lugar de trabajo?

- ¿Sientes que juegas un papel directo en el éxito de tu trabajo?

- ¿Tienes relaciones cordiales con tus compañeros de trabajo?

- ¿Participas en la toma de decisiones en tu lugar de trabajo?

- ¿Deseas participar en la toma de decisiones en tu lugar de trabajo?

- ¿Cómo te sentirías trabajando en tu puesto actual dentro de cinco años?

Aunque hay formas de hacer cambios significativos en nuestras vidas cada día, a veces pequeños cambios son todo lo que necesitamos para motivarnos momentáneamente. Esto puede ser suficiente para pasar el día y refrescarnos para las próximas tareas.

Para ser más consciente a lo largo del día, busca tiempo para practicar ejercicios de respiración profunda durante unos minutos cada vez. Al igual que en casa, busca un lugar tranquilo y cómodo para sentarte y relajarte durante unos instantes. Si puedes, atenúa la luz o cierra los ojos y concéntrate en inhalar y exhalar para aliviar la tensión.

En la siguiente sección, aprenderás varias formas específicas de liberar el estrés mediante técnicas de respiración que pueden calmarte rápidamente. Pruébalas en tu escritorio, durante la pausa para comer o simplemente cuando tengas un momento de tranquilidad durante el día. Estos ejercicios no te llevarán mucho tiempo, así que cualquier momento que puedas dedicarles durante el día te ayudará a relajarte.

Ejercicios de respiración consciente

La idea de centrarse en la respiración a veces puede parecer un molesto ejercicio inútil. Nos quedamos sentados, inhalando y exhalando, mientras intentamos centrar nuestra atención en la respiración. ¿Cuántas veces te has sentido distraído y derrotado por este ejercicio?

Al fin y al cabo, la mente está hecha para pensar, y quiere tener algo que hacer en todo momento del día mientras estamos conscientes.

Para aliviar cualquier estrés que puedas haber experimentado en el pasado al centrarte en la respiración, hay varias formas de experimentar con la respiración consciente durante la meditación u otras actividades.

Una idea para la respiración consciente incluye el proceso de contar en silencio del uno al diez con cada respiración. Esto puede dar a la mente algo en lo que concentrarse y hace que tu cerebro se dirija a una actividad que es simple, pero centrada en una tarea. Una vez que hayas alcanzado el número diez en tu mente, puedes contar hacia atrás del diez al uno mientras sincronizas el número con cada respiración. Haz esto durante el tiempo que sea necesario para que puedas situar tu concentración en algún lugar mientras sigues eliminando de la mente pensamientos serios e innecesarios.

Según *Harvard Business Review*, añadir ejercicios focales a lo largo de la jornada laboral puede mejorar la productividad y la atención cuando llega el momento de planificar, organizar o crear, lo que se traduce en una mejor concentración de los empleados. Además, las dos habilidades que definen la Atención Plena son el "enfoque" y la "conciencia", ya que estas áreas presentarán un alejamiento de las interrupciones de la mente (Hougaard & Carter, 2016).

Cuando se practican tanto en casa como en la oficina, los ejercicios de atención plena como la respiración consciente aportan una liberación a nuestro día para que el resto pueda sentirse útil y eficaz.

Respiración de anclaje

Un tipo de respiración consciente que se puede probar tanto dentro como fuera del lugar de trabajo es la técnica de la respiración de anclaje. Este tipo de respiración permite a una persona concentrar plenamente sus pensamientos en su respiración, o "anclar" los pensamientos para que la mente se absorba en un escenario que conduzca a un resultado tranquilo (Celestine, 2020). Podrías imaginar que estás relajándote en una suave toalla en la playa en un cálido día de verano. Puedes sentir el suelo bajo tus pies y te sientes conectado a la

Tierra. O puedes simplemente notar la sensación de la respiración. Puedes tumbarte, cerrar los ojos y colocar las manos sobre el estómago; inhala y exhala lentamente y siente cómo el estómago sube y baja a medida que respiras. Este es tu punto de anclaje. Concéntrate en este movimiento e inhala y exhala durante unos instantes para sentir la relajación.

Respiración en caja

Un método conocido como respiración en caja permite conseguir la relajación inhalando, conteniendo la respiración y exhalando durante un determinado número de segundos. Esta técnica de respiración puede aportar rápida y fácilmente una sensación de paz y bienestar a la mente. El ejercicio puede realizarse en muchos lugares, como sentado en una silla de oficina o en un banco del parque.

Normalmente, la respiración en caja invita a los participantes a inhalar durante cuatro segundos, mantener la respiración durante cuatro segundos, exhalar durante cuatro segundos y mantener la respiración durante otros cuatro segundos antes de repetir la secuencia. Esta respiración tranquilizadora te da la oportunidad de concentrarte en las cuentas dentro de tu respiración en lugar de distraerte con tu entorno mientras trabajas para calmar tu mente.

La respiración 4-3-7 y el suspiro cíclico

Una de las técnicas de respiración más tranquilizadoras es la que se centra en exhalaciones más largas.

Una de ellas es la técnica de respiración 4-3-7. Esto significa que se inhala durante cuatro segundos, se mantiene la respiración durante tres segundos y se exhala durante siete segundos. Existen otras variaciones en cuanto al número de segundos que una persona puede respirar, aguantar y exhalar, pero creo que el método 4-3-7 funciona bien para liberar tensiones mientras se suelta completamente una respiración profunda. Mientras realizas este ejercicio, imagina que tu estómago es como un globo que intentas desinflar al máximo mientras exhalas el aire de tus pulmones. Repite esta técnica de respiración durante unos minutos en el trabajo o en casa para calmar la mente o antes de iniciar una nueva actividad.

Otra es el método del suspiro cíclico, también llamado suspiro fisiológico. Con el suspiro cíclico, primero inhala completamente y luego vuelve a aspirar; puede ser útil sentir que los lados de las costillas se expanden más con esta inhalación extra. A continuación, exhala lenta y prolongadamente. También se ha demostrado recientemente que el método del suspiro cíclico mejora eficazmente el estado de ánimo y reduce el estrés (Balban et al, 2023).

He descubierto que estos dos métodos de respiración, que se centran en exhalaciones lentas y prolongadas, son eficaces y fáciles de compartir en mi práctica clínica.

Ideas conscientes para la productividad

Aunque cualquier trabajo puede tener sus altibajos, es necesario contar con herramientas que te ayuden a sentirte más relajado y productivo cada día. La evidencia sugiere que practicar la Atención Plena puede ayudar a los individuos en su lugar de trabajo y conducir a resultados tales como comportamientos sociales positivos, autenticidad, creatividad y liderazgo (Rupprecht et al., 2019). Cuando invertimos y confiamos en prácticas de atención plena para guiarnos a lo largo de nuestro día, abrimos nuestras mentes a más oportunidades.

Las siguientes ideas pueden ofrecerte formas de regalarte prácticas consciente antes, durante o después del trabajo, así que no tengas miedo de probar algo nuevo.

- Mantén la mente abierta con los demás en el trabajo. Evite juzgar su trabajo o su situación.

- Explora nuevas ideas en el trabajo con tus compañeros haciéndoles preguntas, planificando una reunión a pie o buscando la tutoría de alguien a quien admires en tu profesión.

- Crea un espacio tranquilo y sosegado para ti, independientemente de dónde trabajes (en casa o en la oficina, al aire libre o en el interior).

- Fija una hora para terminar tu trabajo cada día. Hazte el propósito de "cerrar tu jornada laboral" y continuar de nuevo al día siguiente.

- Acuérdate de descansar de la pantalla cada 30-45 minutos y mueve el cuerpo. Da un paseo, haz estiramientos, prepárate una bebida caliente: esto te ayudará a resetear la mente para volver a la tarea que tienes entre manos.

- Elabora una lista de prioridades al principio de cada semana y planifica lo que tienes que hacer y cuándo. Todo lo que no sea urgente puedes ponerlo en una lista aparte para trabajar en ello si tienes tiempo después de las tareas urgentes.

- Añade una práctica de gratitud a tu jornada laboral. Piensa en tres cosas que agradeces de tu trabajo, tu empresa, tu sector o tus compañeros.

- Anímate a ti mismo y a los demás a participar en actividades de autocuidado tanto dentro como fuera del trabajo. Esto ayuda a fomentar una cultura que valora el autocuidado.

- Prepara almuerzos y tentempiés saludables para el trabajo que no te hagan sentir perezoso a lo largo del día.

- Establece una intención al comienzo de cada jornada laboral. ¿Qué esperas conseguir?

- Tómate un breve descanso para meditar en el trabajo (busca un lugar tranquilo y utiliza auriculares para bloquear el ruido si es necesario).

- Date cuenta de que algunos días de trabajo serán mejores que otros. Habrá retos y fracasos.

- Utiliza una silla cómoda para trabajar (si te sientas por tu trabajo).

- Limita la multitarea siempre que sea posible.

- Programa alarmas en el teléfono para hacer "pausas de meditación" (aunque solo sean unos minutos cada vez).

- Busca ayuda profesional cuando la necesites. Habla con tu jefe si las cosas se están poniendo demasiado difíciles y habla con un consejero sobre los problemas de estrés relacionados con el trabajo.

- Escucha activamente a los demás en el trabajo. Pide a los demás que hagan lo mismo contigo.

- Busca oportunidades de crecimiento (sigue aprendiendo aunque lleves mucho tiempo haciendo el mismo trabajo).

- Muestra respeto por los demás. Verás que los demás también te respetarán.

- No esperes a comunicar a tus compañeros un trabajo bien hecho. Da las gracias a los demás por su trabajo, aunque se trate de pequeñas tareas, y pronto te darás cuenta de que la gente hará lo mismo por ti.

- Si trabajas desde casa, crea una tarea de "transición" para indicar a tu mente y a tu cuerpo que la jornada laboral ha terminado. Puede ser dar un paseo, preparar un té, poner tu música favorita... cualquier cosa que te ayude a desconectar.

- Pon un límite de tiempo a las conversaciones sobre trabajo fuera del trabajo cuando te reúnas, ya sea con compañeros de trabajo o con otros amigos y familiares. Establece un límite de tiempo para que cada uno o los demás hablen sobre el trabajo, de modo que éste no domine todas las demás cosas buenas que tienes que compartir y de las que tienes que hablar.

- Crea incentivos y recompensas para ti mismo por las tareas completadas.

- Reconoce y reconfórtate en la rutina de tu día (tomar café, asistir a una reunión matutina, almorzar con regularidad).

- No tengas miedo de cambiar de trabajo (o de carrera) si algo no funciona. Pide consejo sobre cómo hacer la transición a otra cosa.

Nota: Las ideas de autocuidado anteriores ayudan a preparar el cerebro y el cuerpo para la práctica regular de la meditación de Atención Plena. En el Apéndice encontrarás audioguías gratuitas sobre las meditaciones de Atención Plena. Utiliza estas audioguías (en inglés) junto con las prácticas de autocuidado anteriores, mientras te embarcas en tu "Año de la Atención Plena".

Puntos clave

Recuerda que el trabajo en cualquiera de sus formas no siempre es fácil, pero con estrategias añadidas para la salud cerebral, puedes llevar estas herramientas tanto dentro como fuera de tu jornada laboral para sentir una sensación de control y relajación.

- Evalúa lo que calificas como "trabajo" durante tu día. ¿Qué trabajos has asumido a lo largo de tu vida?

- Reconoce qué factores estresantes experimentas en el trabajo cada día. Haz una lista. Decide qué es estrés físico, emocional u organizativo.

- Trabaja para entender qué te hace sentir desafiado, positivo, negativo, solo, poderoso o cualquier otra emoción durante tu jornada laboral. Cuando conozcas tus sentimientos en el trabajo, podrás añadir prácticas de atención plena en los momentos de estrés.

- Con ejercicios de respiración consciente como el ancla, la caja, el 4-3-7 y el suspiro cíclico, puedes emplear técnicas rápidas y calmantes que resultan prácticas para aliviar la tensión durante la jornada laboral.

Como ya sabes, el estrés puede causar un efecto dominó en otros ámbitos de la vida. Las emociones difíciles no solo surgen en el lugar de trabajo, sino también en el hogar, dejando un impacto perjudicial en nuestro organismo. Cuando se produce estrés, una de las zonas más vulnerables es nuestro sistema digestivo. En el próximo capítulo, veremos el importante papel de una digestión adecuada en nuestras vidas.

Capítulo 9:

La digestión y tú: un enfoque consciente del control del peso

Aquí estás de nuevo, ante la decisión de qué comer. Podrías elegir algo sano, pero te mueres de hambre y crees que las verduras y la fruta no te van a saciar. Podrías parar en tu pizzería favorita de camino a casa desde el trabajo, pero ¿es la mejor opción hoy? ¿Te sentirás bien si te zampas todos los trozos en 10 minutos mientras ves la tele?

¿Por qué siempre tenemos la sensación de que solo disponemos de unos minutos para comer de principio a fin? ¿Estamos tan ocupados durante el día que no podemos sacar tiempo para sentarnos a comer? Si estás gritando: "¡Sí! De hecho, ¡estoy así de ocupado!". Estoy contigo.

Aunque adoptar un enfoque consciente de la alimentación parezca imposible, es algo para lo que todos podemos sacar tiempo, solo tenemos que saber cómo. La vieja cuestión de qué comer suele estresar a las personas y las familias, llevándolas a elegir comidas rápidas y poco saludables que causan problemas de peso, enfermedades y problemas gastrointestinales. Sin embargo, lo que a menudo ignoramos es hasta qué punto la digestión está relacionada con nuestras emociones.

Ha llegado el momento de que tomes el control de los alimentos que ingieres y hagas elecciones más conscientes. Ya estás en camino de aprender a hacerlo reconociendo las otras áreas de tu vida que pueden necesitar más Atención Plena. En este capítulo, descubrirás métodos no extenuantes para aumentar tu conciencia alimentaria, de modo que puedas comer conscientemente y cuidar tu cuerpo y tu mente.

Alimentación consciente

Comencemos esta conversación sintetizando la idea básica de la Atención Plena presentada hasta ahora en este libro. Si has notado algo sobre esta práctica, puede ser esto: no es un proceso que deba apresurarse. Tómate realmente un momento para pensar en esto. ¿La forma más rápida es siempre la mejor? Tendemos a pensar que sí en esta sociedad de comer o ser comido, de llegar primero a la cima, pero a la hora de la verdad, la lentitud y la constancia merecen la pena, especialmente con las prácticas de atención plena.

Dado que la Atención Plena requiere que la persona se centre en su conciencia y en su situación presente, la práctica de comer con atención está estrechamente relacionada con esta intención. Elegir cuidadosamente lo que se va a comer y sentarse a absorber lentamente el proceso de la comida crea una experiencia más consciente en general. "La alimentación consciente anima a tomar decisiones que satisfagan y nutran el cuerpo. Sin embargo, desaconseja 'juzgar' los comportamientos alimentarios, ya que existen diferentes tipos de experiencias alimentarias" (Harvard School of Public Health, 2020).

Con esto en mente, piensa cuántas veces en tu vida habrás pensado: "Me odio por comer eso". La idea de comer con atención no es un pase libre para comer lo que quieras, pero te retará a detenerte y hacerte más preguntas antes de consumir tus alimentos. Para empezar a ponerlo en práctica la próxima vez que tengas hambre, párate un momento y pregúntate:

- ¿Tengo hambre o estoy aburrido?

- ¿Puedo encontrar una actividad que me distraiga de la comida o realmente necesito comer en este momento?

- ¿Qué comida me hará sentir sano y con energía dentro de tres horas?

Al crear esta conciencia de tus sentimientos sobre la situación, estás eliminando el proceso rápido y sin sentido de embutir comida en nuestros cuerpos rápidamente solo porque podemos o porque sentimos que no tenemos otra opción.

"La alimentación consciente procede de la filosofía más amplia de la Atención Plena, una práctica muy extendida y centenaria utilizada en muchas religiones. La atención plena consiste en centrarse intencionadamente en los propios pensamientos, emociones y sensaciones físicas en el momento presente" (Harvard School of Public Health, 2020). Al mantener el momento presente en primer plano, te estás armando automáticamente con una habilidad increíble cuando llega el momento de preparar y comer una comida o un tentempié. Después de ser consciente del hambre que sientes, decide qué alimentos son adecuados para ti en ese momento. En ocasiones, esto puede significar que una hamburguesa con queso o un helado, con moderación, son adecuados para ti, pero elegir una opción más sana puede satisfacerte igualmente y hacer que aguantes el día durante más tiempo.

De lo que se trata es de empezar a pensar lenta y conscientemente en los alimentos de forma diferente. Ten en cuenta todos los aspectos de la comida, desde el principio hasta el final. Piensa de dónde proceden los alimentos, cuánto te gustan o no los alimentos que has elegido y cómo se sentirá tu cuerpo después de comer. Cuando nos tomamos tiempo para pensar en esto, ralentizamos el proceso al que nos hemos acostumbrado y tenemos la oportunidad de disfrutar de los alimentos que comemos.

Sé lo que estás pensando. Puede que te preguntes cómo es posible "ralentizar" algo cuando, la mayoría de los días, estás trabajando para mantenerte a ti mismo y posiblemente a los demás en el buen camino. Como con cualquier objetivo a largo plazo, empieza poco a poco. No necesitas desarraigar toda tu existencia y cambiar todo sobre la forma en que siempre has comido, pero puedes iniciar el proceso canalizando una toma de conciencia sobre tus hábitos alimentarios. Observar más de cerca el simple hecho de cuándo comes y cómo comes puede decirte mucho sobre tus hábitos.

Uno de los principales pasos para aumentar la conciencia sobre los hábitos alimentarios conscientes es prestar más atención a los alimentos que ingerimos. Al hacer la compra o elegir la comida en un restaurante, es importante sentarse un momento a pensar en las opciones. Piensa qué es lo que más te satisfará y mejorará tu experiencia alimentaria. De nuevo, algunos días esto puede significar darte un capricho con alimentos que pueden no ser tan saludables como otros, pero intenta hacerlo con atención y utiliza tus sentidos para experimentar la comida. Ralentiza el proceso de ingesta tomándote tu tiempo para mirar y oler primero la comida. Espera varios minutos antes de probarla. Aprecia el modo en que te han preparado la comida o el modo en que has preparado la comida que vas a disfrutar. Utilizar los sentidos físicos y emocionales para disfrutar de la comida te permite tener una experiencia mucho más consciente al comer, de modo que puedes permanecer en el momento mientras comes en lugar de reaccionar a tu estado de hambre (Harvard School of Public Health, 2020).

Control del peso

Al aprender a comer de forma consciente, considera la posibilidad de informarte sobre las opciones de alimentos saludables que pueden permitir que tu cuerpo se sienta lo mejor posible. Creo firmemente en la idea de que la alimentación consciente puede conducir a una elección de alimentos más saludables, por lo que, aunque las ideas de esta sección no tienen necesariamente como objetivo la pérdida de peso, proporcionan una guía que podría resultar en una pérdida de peso debido a la ingesta lenta y consciente de alimentos más saludables.

Las ideas aquí expuestas pretenden fomentar el control del peso mediante la creación de hábitos y rutinas saludables. "Los estudios de intervención han demostrado que los enfoques de la Atención Plena pueden ser una herramienta eficaz en el tratamiento de comportamientos desfavorables como la alimentación emocional y los atracones que pueden conducir al aumento de peso y la obesidad" (Harvard School of Public Health, 2020). Si empiezas hoy a inculcarte hábitos saludables para comer, allanarás el camino para un proceso de crecimiento consciente para ti mismo. Decidir qué comer teniendo en cuenta lo que *deberías* comer no es fácil, pero crear conscientemente oportunidades para que tu cerebro tome decisiones intencionadas sobre la comida ayuda a reforzar un mejor enfoque hacia la alimentación.

Cuando tomes decisiones alimentarias conscientes, recuerda

- Programar rutinas para comer.
- Evitar picar demasiado, pero comer cuando se tenga hambre.
- Guardar alimentos saludables en casa y en el trabajo.

Tener una rutina a la hora de comer puede garantizar que tu mente no entre en pánico al pensar en cuándo llegará tu próxima comida. Cuando salgas de casa, considera la posibilidad de llevar un tentempié saludable para que no te pille sin nada que comer.

Para algunos, saltarse comidas puede provocar hambre excesiva y comer en exceso, lo que puede dificultar los esfuerzos por comer de forma más consciente. Sin embargo, también es importante tomar la decisión de comer porque se tiene hambre y no forzarse a tomar un tentempié solo porque se siente que hay que hacerlo. Considera la posibilidad de planificar con antelación algunos tentempiés o comidas fáciles y saludables para cuando tengas hambre.

Por último, tener alimentos saludables en la despensa y el frigorífico puede evitarte tener que tomar decisiones difíciles cuando tengas hambre. Intenta prepararte el almuerzo antes de salir de casa para ir a trabajar, e incluye alimentos que sacien tu apetito para que te mantengas lleno durante más tiempo. Empacar frutas frescas, verduras, una proteína saludable como frijoles, mantequilla de maní o hummus, y un grano como galletas integrales o pasta puede ayudar a mantener tu energía mientras continúas el día (Harvard T.H. Chan School of Public Health, 2019).

Preparar comidas para la semana con anticipación, como los fines de semana, también puede agregar un elemento de Atención Plena a tu alimentación. Si compras los ingredientes y creas almuerzos saludables para llevar para la semana anterior, es probable que dediques más tiempo a considerar qué alimentos debes poner en tu cuerpo en lugar de comer rápidamente comida rápida porque tienes poco tiempo durante el día. Si tienes familia, considera la posibilidad de hacer de la preparación de la comida una actividad en la que todos puedan participar el fin de semana para ayudarse mutuamente a hacer una pausa y pensar en lo que les gustaría comer a lo largo de la semana.

Ideas conscientes para comer sano

Practicar la Atención Plena mientras comemos surge de la toma de conciencia de la experiencia de comer al considerar qué es lo mejor para nuestro cuerpo. Empieza a escuchar cuando te sientas saciado, enfermo o hambriento para poder tomar las decisiones adecuadas a la hora de comer y vivir mejor. "Combinar estrategias conductuales como la formación en Atención Plena con conocimientos de nutrición puede conducir a elecciones alimentarias saludables que reduzcan el riesgo de enfermedades crónicas, promuevan experiencias alimentarias más agradables y apoyen una imagen corporal saludable" (Harvard School of Public Health, 2020). Si conoces tus hábitos alimentarios actuales, podrás tomar decisiones más informadas sobre cómo te gustaría preparar y comer cada día.

Las siguientes ideas conscientes para una alimentación saludable pueden ser útiles a la hora de pensar en los alimentos y crear nuevos hábitos.

- Ve más despacio mientras comes o bebes.
- Crea un "horario de comidas" y cíñete a él.
- Muerde y mastica despacio y a conciencia.
- Ten en cuenta el origen de los alimentos. ¿De dónde proceden? ¿Son naturales? ¿El proceso de elaboración ayuda o perjudica al planeta?

- Investiga los restaurantes a los que vas y los alimentos que compras.

- Ten siempre en cuenta cómo se sentirá tu cuerpo después de consumir los alimentos que elijas.

- Evita comer sobre la marcha o en el coche siempre que sea posible. Haz que comer sea un acontecimiento y siéntate a la mesa para disfrutar de la comida.

- Come verduras antes del resto de la comida.

- Consume al menos una verdura verde al día.

- Permítete parar a pensar un momento cuando tengas hambre para considerar qué alimentos te saciarían más.

- Inhala y exhala después de cada bocado.

- Prepara más comidas en casa.

- Habla con otras personas sobre los consejos que utilizan para preparar comidas sanas.

- En la medida de lo posible, evita quedarte demasiado hambriento o demasiado lleno.

- Prepara y lleva tentempiés saludables cuando viajes (frutos secos, nueces, verduras).

- Bebe mucha agua cada día para mantenerte hidratado.

- Piensa si comes por aburrimiento, por ejemplo, pregúntate: "¿Tengo hambre?".

- Evita ver la televisión o una película mientras comes.

- Guarda el teléfono durante las comidas.

- Come con la familia y los amigos. Saborea la experiencia.

- Si te excedes, no es el fin del mundo. No te sientas culpable y vuelve a intentarlo.

- Utiliza tus sentidos para experimentar el aspecto, el olor, el sonido, el tacto y el sabor de cada alimento que pruebes.

- Cocina y prueba alimentos nuevos que nunca antes hayas comido (nuestros paladares necesitan variedad).

- Aprecia los alimentos que puedes comer (practica la gratitud).

- Escribe en tu diario los alimentos que más te han gustado en un día, una semana o un mes. Escribe cómo te han hecho sentir.

- Deja los cubiertos entre bocado y bocado. Tómate tu tiempo con la comida.

- Evalúa qué alimentos te hacen sentir mejor y cuáles te provocan malestar o cansancio.

- Date cuenta de que tu experiencia alimentaria es única. Busca alimentos que te satisfagan de forma saludable.

Nota: Las ideas de autocuidado anteriores ayudan a preparar el cerebro y el cuerpo para la práctica regular de la meditación de Atención Plena. En el Apéndice encontrarás audioguías gratuitas sobre las meditaciones de Atención Plena. Utiliza estas audioguías (en inglés) junto con las prácticas de autocuidado anteriores, mientras te embarcas en tu "Año de la Atención Plena".

Puntos clave

Concentrarse en una tarea cada vez puede resultar difícil para muchos, pero éste es un paso fundamental para la alimentación consciente. Cuando eres capaz de frenar, pensar y tomar decisiones más claras sobre la comida, eres capaz de sintonizar con lo que realmente necesitas y puedes eliminar las distracciones perjudiciales.

- Toma decisiones alimentarias conscientes ralentizando el proceso de preparación y consumo de las comidas. Asimila la experiencia global de comer.

- Cuando decidas cuándo y qué comer, pregúntate si tienes hambre o estás aburrido, si otra actividad podría distraerte de la comida y si los alimentos que estás eligiendo repondrán nutrientes y darán energía a tu cuerpo.

- Considera la posibilidad de preparar tentempiés y comidas saludables cuando salgas de casa. Programa momentos para comer a lo largo del día, de modo que no te quedes con demasiada hambre.

Puesto que las decisiones sobre alimentación deberán adaptarse a tu estilo de vida, recuerda establecer un horario que te resulte práctico. En los días ajetreados o cuando estés estresado, intenta respirar hondo unas cuantas veces y pensar en lo que te hará sentir mejor en ese momento. Empieza a escuchar esta voz interior para que te guíe también en otras áreas de Atención Plena.

El siguiente capítulo te ayudará a centrarte en un aspecto de la vida con el que muchos luchan cuando están estresados. El proceso de dormir presenta desafíos, pero aprender a entrenar el cerebro con prácticas de atención plena para prepararse para una rutina de sueño saludable nos pone en el camino correcto hacia la recuperación.

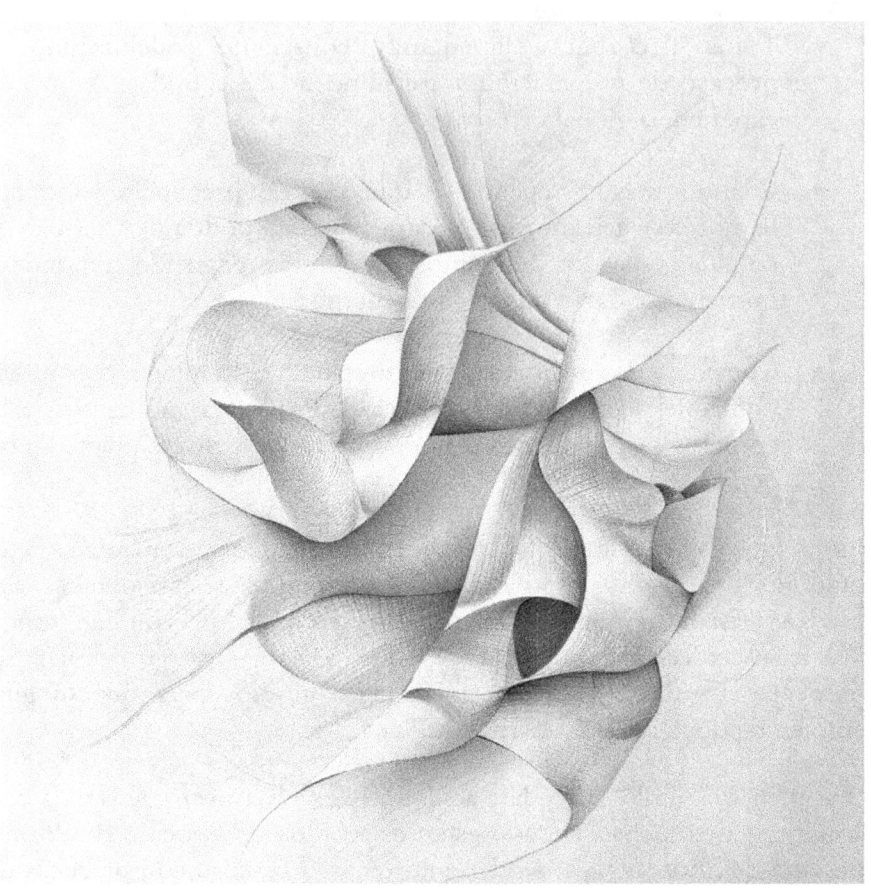

Capítulo 10:

Dormir con paz y propósito

Cuando eras más joven, ¿te dormías con facilidad? ¿Dormías la siesta en los largos viajes en coche en el asiento trasero o en los brazos de tus padres en los restaurantes? La capacidad de dormir la siesta con facilidad cambia drásticamente a medida que envejecemos. Aunque nos demos cuenta de que dormir es importante, también tendemos a experimentar nuevas formas de sueño una vez que somos adolescentes. Los hábitos de sueño que construimos durante estos años no nos hacen muchos favores a medida que envejecemos y a menudo pueden allanar el camino para rutinas de sueño pobres en nuestros veinte años y más allá.

Establecer rutinas a la hora de dormir cuando se es niño ayuda a los individuos a extender esta práctica a lo largo de la vida, permitiendo el desarrollo de patrones adecuados para conciliar el sueño, permanecer dormido y permanecer alerta durante el día desde la primera infancia (Pacheco & Callender, 2021). Sin embargo, en la adolescencia y la edad adulta nos olvidamos de esto y podemos considerar emocionante el hecho de quedarnos despiertos hasta más tarde. Después de todo, sentimos que podemos ser más productivos porque estamos completando más actividades si limitamos nuestro sueño, ¿verdad? En algún momento, sin embargo, la privación de sueño nos alcanza y necesitamos mejorar los patrones de sueño para mantenernos sanos.

Unos hábitos de sueño saludables pueden influir en la memoria de trabajo, las capacidades cognitivas, el estado de ánimo y la atención en general. No es sorprendente escuchar que la capacidad de regular los niveles de estrés está vinculada a hábitos de sueño positivos, pero puede que no entendamos cómo cambiarlos si hemos estado practicando malos hábitos de sueño durante tanto tiempo. Introducir la Atención Plena puede alterar la forma en que vemos este proceso y ayudarnos a disfrutar de mejores noches de sueño.

¿Por qué dormir?

Sabemos que necesitamos dormir, pero ¿por qué es tan importante que nuestros cuerpos y cerebros duerman de forma regular y programada a lo largo de nuestra vida? Pues bien, nuestros cuerpos y mentes son mucho más inteligentes de lo que creemos. Por ejemplo, ¿alguna vez has confiado en la memoria muscular para un entrenamiento o una rutina de baile? Te sorprenderá lo conectados que están tu cuerpo y tu cerebro, y cómo la práctica a lo largo del tiempo mejora nuestras habilidades en casi todo. Me lo imaginaba cuando empecé a buscar la manera de dormir mejor, pero no esperaba descubrir que tranquilizar la mente y el cuerpo mientras dormía también mejoraría mi capacidad de aprender y recordar.

Permitir que nuestros cuerpos duerman de forma constante también ofrece otros beneficios para nuestras mentes. Matthew Walker, que ha hecho un enorme trabajo en la defensa del sueño para el público, y escribió un libro elocuente "Por qué dormimos" (2018), compartió esto en 2006:

> Este efecto "offline" puede restaurar recuerdos previamente perdidos o producir un aprendizaje adicional, en ambos casos sin necesidad de seguir practicando. En otras palabras, la fase de mejora de la consolidación de la memoria es un proceso activo, no de simple mantenimiento; el cerebro sigue aprendiendo aunque haya dejado de practicar.

Antes, al hablar de las funciones cognitivas del cerebro, hablamos de cómo, mientras se está inconsciente, el cerebro no tiene tantas oportunidades de aferrarse a nueva información. Esta idea sigue siendo válida, pero el cerebro dormido revela mucho que podemos aprender sobre la forma en que actuamos y funcionamos cada día. La falta de sueño regular aumenta nuestro riesgo de enfermedades y trastornos como las cardiopatías y la demencia y, además, el estado de ánimo en general se ve afectado, afirma la Dra. Marisha Brown, experta en sueño del Instituto Nacional de Salud (Wein, 2021).

Aunque las siestas reparadoras pueden ayudar a controlar el sueño durante periodos cortos, los daños derivados de una falta de sueño constante acarrean problemas con el tiempo. Debido a que nuestro sueño trabaja con las hormonas de nuestro sistema, el metabolismo y el sistema inmunológico, se sugiere que el adulto promedio necesita al menos siete horas de sueño en veinticuatro horas (Semeco, 2017). Cuando no dormimos tanto, nuestras funciones cognitivas se ven afectadas y puede ser difícil recuperarse. Piensa en la última vez que no dormiste bien y cómo te sentiste al día siguiente. Tu bienestar mental a lo largo del día puede haber sido más negativo de lo habitual, y es posible que también hayas cometido más errores.

Como sabes, tu memoria te ayuda a desenvolverte en el trabajo, en situaciones sociales y cuando estás solo. Cuando la memoria se ve afectada por la falta de sueño, el proceso activo de recordar información no puede establecer tantas conexiones importantes dentro del cerebro. Por ejemplo, cuando no dormimos durante largos periodos de forma constante a los veinte años, podemos volvernos más olvidadizos con tareas sencillas a lo largo del día. Podemos olvidarnos de sacar la basura o de llamar a un amigo por teléfono, cosas que parecen pequeños descuidos, pero olvidar muchas de estas pequeñas tareas se acumulan rápidamente. Esto puede hacernos sentir un poco fuera de control durante el día, pero puede que no nos demos cuenta de que la falta de sueño y nuestros olvidos están relacionados.

A medida que envejecemos, nuestro reloj interno cambia y tendemos a dormir menos horas debido al ritmo circadiano de nuestro cuerpo (Walker 2018). Esto puede sentirse estresante, pero hay formas de dormir bien que no tienen por qué sentirse abrumadoras. Con prácticas conscientes y calmantes, es posible volver a entrenar al cuerpo para que una rutina de sueño positiva pueda tener prioridad.

La práctica de crear calma

Aunque probablemente seas consciente de la importancia del sueño, puede que aún te cueste encontrar oportunidades para dormir con regularidad, ya que suele ser una de esas áreas de la vida que fluctúa.

Estás ocupado durante el día y necesitas pasar más tiempo por la noche para ponerte al día con las tareas domésticas o el trabajo. Te quedas despierto hasta más tarde los fines de semana, ya que puede ser tu única oportunidad de hacerlo. Puede que incluso te propongas acostarte más temprano algunas noches, solo para quedarte en la cama durante horas frustrado por no poder conciliar el sueño.

Es hora de acabar con las noches en vela creando un hábito rutinario de calma antes, durante y después de conciliar el sueño. Es importante recordar que debes hablar con un médico si crees que has probado todos los métodos para conciliar el sueño de forma rápida y profunda, ya que puede haber otros problemas que deban tratarse, pero para la mayoría de las personas, la incorporación de unas cuantas prácticas esenciales del sueño mejorará el descanso. Para saber más sobre este tema, accede al contenido extra en el apéndice.

Incorporar actividades físicas y mentales

Cada día es importante estimular la mente y el cuerpo. Hacer ejercicio no es solo para nuestro cuerpo, ya que también brinda a nuestra mente la oportunidad de participar en una actividad rigurosa que nos ayudará a dormir por la noche. La actividad física que elijas no tiene por qué ser extenuante, siempre que te suponga un reto nuevo e interesante. Por ejemplo, unos simples estiramientos antes de acostarse pueden mejorar el sueño. Caminar, hacer footing, levantar pesas o montar en bicicleta pueden proporcionar oportunidades para quemar la energía que nuestro cuerpo está almacenando para que estemos más cansados por la noche. Además, intenta no hacer ejercicio a altas horas de la noche, ya que esto afecta al ciclo del sueño y al ritmo circadiano del cuerpo. Es mejor hacer ejercicio por la mañana para estimular la mente y el cuerpo para el resto del día. No tienes que forzarte a participar en algo que no te gusta, pero intenta crear un plan de entrenamiento semanal con las actividades que vas a completar para que tu energía física sea expulsada.

Además de la práctica física de liberar energía, nuestra mente a menudo necesita un reto mental para sentirse cansada por la noche. Quemar energía mental jugando a un juego que requiera estrategia, socializando con otras personas, leyendo información nueva o elaborando una obra artística permite que la mente sienta que ha tenido un entrenamiento cerebral. Ahora bien, supongamos que ya estás ocupado y te enfrentas a tareas a lo largo del día: es posible que ya te sientas agotado al final de cada jornada. En estos casos, no necesitas añadir más. De lo contrario, considera la posibilidad de añadir actividades estimulantes para el cerebro durante el día que hagan trabajar a tu mente para que pueda descansar cuando lo necesite.

Encuentra el confort

Al igual que los niños, los adultos necesitan ambientes y objetos acogedores y confortables para favorecer el sueño. Si has pasado la noche en un lugar que te ha incomodado, sabes lo difícil que puede ser conciliar el sueño. El objetivo de encontrar la comodidad para dormir es hacer que el entorno físico y la atmósfera estética sean lo más confortables posible para que puedas asentar la mente y dormir. Haz de tu cama un lugar de relajación, de hecho, permite que todo tu dormitorio se convierta también en esto. A algunos les ayuda dejar la televisión y los aparatos electrónicos fuera del dormitorio para que se convierta en un santuario solo para el sueño y la intimidad. Puedes considerar esta posibilidad cuando busques formas de mejorar mental y físicamente tus hábitos de sueño.

Cuando nuestro dormitorio se siente suave, seguro y agradable, nuestra mente empezará a establecer la conexión de que se trata de una zona para la relajación. Al cabo de poco tiempo, es posible que incluso bosteces o te sientas más somnoliento al entrar en tu dormitorio, ya que este lugar tiene un propósito específico.

Guarda los aparatos electrónicos

Como ya hemos dicho, los dispositivos electrónicos no suelen hacernos ningún favor a la hora de entrenar nuestra mente para dormir. Programa un temporizador en tu teléfono al menos una hora antes de acostarte para que te recuerde que debes ponerte en "modo sueño" por la noche. Aunque esta idea no es revolucionaria, te recordará cada noche que el sueño es una prioridad para que tu cerebro lo vea como tal. Incluso los fines de semana, deja el teléfono o el portátil a un lado mientras te acomodas durante la hora anterior a acostarte y observa cuánto puede cambiar esto tu capacidad para conciliar el sueño. Leer o escribir antes de acostarse también puede crear una sensación de calma, por lo que pueden ser buenas alternativas al uso del teléfono.

Limita la comida y la bebida

Lo sé, lo sé. Esto no suena divertido, ¿verdad? Pero limitando la cantidad de cafeína, alcohol y comida que tomamos antes de acostarnos, podemos crear una noche de sueño más reparador. Si en el pasado has confiado en el alcohol para conciliar el sueño, sabrás que puede haber funcionado brevemente, pero lo más probable es que no hayas permanecido dormido durante mucho tiempo ni hayas tenido una noche de sueño reparador.

Consumir cafeína por la tarde puede darte energía para aguantar el resto de la jornada laboral, pero puede afectar a tu capacidad para conciliar el sueño cuando llega la hora de acostarte. Limitar o eliminar la cafeína por la tarde nos prepara para una mejor noche de sueño. Matthew Walker a menudo comparte en sus entrevistas, que el cuarto de vida de la cafeína es de 12 horas, es decir, aproximadamente 12 horas después de consumir una taza de café, una cuarta parte de la cantidad de cafeína todavía está en tu cuerpo (Walker 2018).

Por último, comer o cenar en exceso cerca de la hora de dormir también puede afectar a que consigas el descanso completo que necesitas. Los síntomas de indigestión y acidez estomacal pueden mantener a una persona despierta y sintiéndose mal mientras intenta conciliar el sueño. Lo mejor es terminar de comer por la noche varias horas antes de acostarte para asegurarte de que los problemas digestivos no te mantendrán despierto.

Ideas conscientes para dormir mejor

Cuando consideres qué pasos conscientes pueden ser adecuados para ayudarte a dormir, recuerda probar estrategias que te ayuden a relajarte y a no sentirte sobreestimulado antes de acostarte. Aunque las ideas que aparecen a continuación ofrecen una lista de opciones, escucha a tu cuerpo y a tu cerebro cuando te digan que bajes el ritmo y te relajes. Una noche de descanso puede resultar reparadora y terapéutica, así que esfuérzate por crear una rutina tranquilizadora que anteponga tus necesidades a la hora de dormir.

- Duerme con regularidad. Acuéstate a la misma hora cada noche y levántate a la misma hora cada mañana, incluso los días que no tengas que salir temprano de casa. Esto te ayudará a establecer una rutina.

- Retira los dispositivos electrónicos del dormitorio por la noche.

- Termina de comer unas tres horas antes de acostarte.

- Evita el alcohol e intenta no comer al menos tres horas antes de irte a dormir. Ambos pueden provocar un sueño incoherente e interrumpido.

- Evita la cafeína, incluido el chocolate, a última hora del día. Tanto la cafeína como el azúcar son estimulantes de la mente, por lo que, como en el caso anterior, pueden provocar trastornos o dificultades para conciliar el sueño.

- Medita antes de acostarte. En el apéndice encontrarás una práctica guiada gratuita.

- Date un baño o una ducha antes de acostarte.

- Escucha música suave y lenta por la noche.

- Haz estiramientos suaves durante unos minutos antes de acostarte.

- Lee un capítulo de un libro antes de intentar conciliar el sueño.

- Escribe un diario sobre tu día antes de acostarte para calmar tu organismo y reflexionar sobre los acontecimientos.

- Pon el teléfono en modo sueño para evitar los mensajes de texto, las llamadas y los correos electrónicos mientras duermes.

- Utiliza una iluminación suave y tenue al menos una hora antes de acostarte.

- Mantén a las mascotas alejadas de la cama mientras intenta dormir.

- Evita las siestas después de las 2 de la tarde.

- No fuerces el sueño. Si tu mente está ansiosa antes de acostarte, camina unos minutos o escribe tus pensamientos en un diario para calmarte.

- Evita mirar el reloj mientras estás en la cama.

- Incluye el ejercicio en tu día, pero no lo hagas demasiado cerca de la hora de acostarte, ya que puede interrumpir el proceso de relajación antes de dormir.

- Ponte ropa cómoda y suave antes de acostarte para crear un ambiente de confort.

- Enciende una vela aromática (pero no te duermas con la vela encendida) o utiliza la aromaterapia para conciliar el sueño.

- Encuentra la postura adecuada para dormir. Evalúa si duermes boca arriba, de lado o boca abajo. ¿Qué te permite relajarte más?

- Toma el sol o exponte a la luz por las mañanas. Esto puede ayudarte cuando llegue el momento de pasar a la luz tenue antes de acostarte.

- Practica técnicas de relajación como la respiración profunda o la relajación muscular progresiva antes de acostarte para ayudar a que tu mente y tu cuerpo entren en un estado de calma.

- Visualiza tus lugares de vacaciones favoritos o lugares tranquilizadores mientras intentas conciliar el sueño.

- Investiga y practica algunas posturas de yoga que favorezcan un mejor sueño.

- Mientras estás en la cama, intenta tensar todos los músculos durante un momento y luego relájalos para tranquilizar tu cuerpo.

- Ponte un pijama cómodo para dormir.

- Prueba a utilizar una manta con peso para sentirte protegido y seguro mientras duermes.

- Cambia el colchón o la ropa de cama si crees que no son lo bastante cómodos para dormir bien.

Nota: Las ideas de autocuidado anteriores ayudan a preparar el cerebro y el cuerpo para la práctica regular de la meditación de Atención Plena. En el Apéndice encontrarás audioguías gratuitas sobre las meditaciones de Atención Plena. Utiliza estas audioguías (en inglés) junto con las prácticas de autocuidado anteriores, mientras te embarcas en tu "Año de la Atención Plena".

Puntos clave

A medida que envejecemos, los hábitos que hemos establecido al principio de nuestra vida siguen marcando nuestra edad adulta, a menos que dediquemos tiempo a crear nuevos patrones. Las prácticas de sueño que iniciamos ahora pueden alterar los hábitos anteriores para garantizar que nos encaminamos a dormir mejor, lo que repercute positivamente en la memoria y la salud.

- Crear una rutina diaria a la hora de acostarse proporciona a nuestro cuerpo y mente un patrón a seguir para que podamos disfrutar de un sueño adecuado.

- Los patrones de sueño incoherentes pueden aumentar el riesgo de enfermedades.

- La falta de sueño puede afectar a las funciones de memoria del cerebro, como recordar o retener información.

- El cerebro puede prepararse adecuadamente para dormir realizando actividades creativas, diseñando un entorno cómodo para dormir, limitando el uso de aparatos electrónicos y reduciendo la cantidad de comida y bebida consumida antes de acostarse.

Ya que ahora tienes ideas adicionales para prácticas de atención plena a lo largo del día y de la noche, es hora de tocar un punto que atrae a muchos a una vida de Atención Plena. Los tratamientos para el dolor son muy amplios y podemos sentirnos frustrados cuando las opciones no funcionan tan rápido como nos gustaría. En el siguiente capítulo, haremos algunas conexiones con las ideas de Atención Plena que ahora conoces y las pondremos en práctica cuando trabajes para controlar el dolor físico.

Capítulo 11:

Tratamiento del dolor y relajación corporal

Los retos a los que nos enfrentamos a diario pueden crear obstáculos mentales, pero podemos mejorar nuestra capacidad para afrontarlos practicando técnicas de Atención Plena. Pero, ¿qué ocurre cuando nuestro dolor es físico y más difícil de superar? ¿Y si hemos recurrido a médicos, cirujanos y medicamentos, pero el dolor es crónico e implacable?

Muchas personas viven a diario con un dolor físico que parece intratable y que les provoca un gran estrés emocional. Si actualmente sufres dolor físico crónico, entiendes el peaje que esto puede tener en tu vida. Si no lo experimentas con regularidad, tómate un momento para recordar la última vez que te torciste un músculo e imagina que ese dolor te acompaña durante años, incluso décadas.

A menudo, el dolor crónico conlleva también resultados psicológicos perjudiciales, como depresión, ansiedad, movilidad reducida o aislamiento (Reid et al., 2015). Aunque la información de este capítulo no pretende sustituir el consejo médico de un facultativo, te dará la esperanza potencial de que el alivio y la gestión del dolor son posibles mediante prácticas de curación consciente.

La verdad sobre el dolor

"Sin dolor no hay ganancia". "Para ser bella, hay que ver estrellas". En nuestra cultura, oímos asociar con frecuencia el dolor con algo positivo que nos conducirá a un resultado satisfactorio. Pero a muchos de nosotros se nos educa en la idea de que, para ser importantes, fuertes o valorados, debemos callar nuestras luchas. En realidad, un porcentaje muy pequeño de individuos tendrá éxito viviendo de esta manera.

A cualquier edad, el dolor que perdura en el tiempo presenta desafíos, pero el dolor crónico tiende a afectar a poblaciones específicas de manera más significativa que a otras: las personas mayores, las mujeres, las personas que han sufrido traumas y las personas de menor nivel económico (Reid et al., 2015). Aunque las experiencias con el dolor difieren en cada persona, cualquiera que busque tratamiento o alivio del dolor sabe lo que se siente al encontrarse con contratiempos desalentadores casi a diario. Se hace difícil experimentar la vida como lo hacen los demás, y pueden empezar a aflorar sentimientos contradictorios de envidia o resentimiento hacia quienes no experimentan dolor.

Como has aprendido en capítulos anteriores, el cerebro y el cuerpo tienen una poderosa conexión. Cuando la autoconversación negativa se apodera de nosotros debido al dolor, es difícil alejarnos de esos sentimientos. "La nocicepción es el procesamiento fisiológico que facilita la información nociva, que en algún momento del proceso se convierte en la experiencia consciente del dolor" (Grant & Zeidan, 2019). Con el tiempo, esta negatividad almacenada es casi imposible de liberar sin la ayuda de asistencia externa para relajar la tensión. Aquí es donde Atención Plena puede ofrecer alivio y apoyo.

Con la incorporación de prácticas de atención plena, el cerebro puede encontrar conexiones con experiencias positivas, incluso mientras experimenta dolor crónico. Los investigadores están descubriendo que el dolor puede reducirse cuando los individuos tienen expectativas positivas de una experiencia (Atlas et al., 2022). Por ejemplo, si esperas que te duela caerte al suelo, probablemente creerás que te duele más después que si no enfocaras la caída con esta idea en mente. El cerebro cambia y se adapta a sus circunstancias, y el concepto de que se alterará como resultado de la positividad o la negatividad ha llevado a los investigadores a sacar algunas conclusiones interesantes sobre la receptividad del cerebro a las prácticas de atención plena.

Atención plena y trastornos neurológicos

Aunque el cerebro a menudo nos dice que sigamos adelante y continuemos trabajando a toda costa, es importante saber que esta filosofía es contraproducente para la mayoría de las personas, especialmente las que sufren un trastorno neurológico. La capacidad de calmar la mente a través de ejercicios de relajación que crean conciencia ayuda a fortalecer la atención del cerebro en el momento presente, lo que puede permitir que el dolor o los síntomas de trastornos neurológicos se disipen.

Los estudios sobre el impacto de Atención Plena en individuos con trastornos neurológicos indicaron que las prácticas de Atención Plena pueden mejorar la calidad de vida de una persona, ya que el cerebro puede fortalecerse como un músculo (Grant & Zeidan, 2019). Cuando una persona centra la mente en prácticas como el yoga, la meditación o el tai chi, nutre el cerebro y le permite concentrarse en una habilidad, distrayéndolo del dolor y la negatividad. Los participantes que padecen dolores de cabeza, epilepsia, trastornos neurodegenerativos, trastornos neurológicos funcionales, accidentes cerebrovasculares o trastornos del movimiento, e incluso los cuidadores de quienes padecen trastornos neurológicos, han encontrado alivio mediante técnicas de atención plena y meditación (Kraemer et al., 2022). El resultado de estos estudios se fundamenta en la idea de que los síntomas asociados a las disfunciones neurológicas pueden reducirse para mejorar el bienestar general de la persona. Se necesita más investigación para comprender y acceder a la difusión de los beneficios de las prácticas conscientes, pero estos resultados proporcionan una esperanza muy necesaria para cualquier persona que sufra trastornos neurológicos.

También me entusiasma compartir mi reciente investigación sobre el uso de Atención Plena como intervención terapéutica para un trastorno neurológico llamado síndrome de nieve visual, una afección debida a la desregulación de la red cerebral. Nuestro estudio demostró que ocho semanas de entrenamiento intensivo de Atención Plena puede conducir a cambios en las redes cerebrales como se muestra en la resonancia magnética funcional (fMRI) y la mejora de la condición (Wong et al 2024). Este estudio es también prometedor como prueba de principio, de que las intervenciones de Atención Plena pueden conducir a mejoras de las condiciones neurológicas a través del cambio de las redes cerebrales.

Esperanza para el tratamiento del dolor

Con el dolor crónico, la vida de una persona suele quedar en suspenso. Tareas o actividades sencillas de las que antes disfrutaba pueden dejar de ser posibles, lo que provoca estrés mental y angustia. Sin embargo, como sabemos que el cerebro es un órgano poderoso, ahora podemos empezar a comprender, mediante la aceptación y el compromiso, cómo podemos recuperar el control que antes teníamos.

Una de las mejores formas de encontrar alivio al dolor crónico es informarse sobre el tipo de dolor que se padece. Busca consejo y explicaciones de profesionales médicos y lee sobre las experiencias de otras personas con síntomas similares. Lo más probable es que exista una comunidad de personas que padezcan el mismo dolor o un dolor similar, así que busca el apoyo de estas personas y date cuenta de que no estás solo en tu lucha. Habla con los médicos sobre las opciones de alivio del dolor y mantén la paciencia mientras compruebas las posibilidades por ti mismo.

Si un profesional médico te recomienda fisioterapia, recuerda ser constante con los ejercicios que te recomiende hacer. Una de las formas más rápidas de recaer durante la recuperación o con dolor crónico es ignorar las prácticas recomendadas por los profesionales. Mientras te das tiempo para curarte, es vital que trabajes los músculos cercanos a las zonas de dolor para que no se atrofien mientras esperas a que remita el dolor. Dado que el proceso de recuperación puede ser lento, motívate con pequeños objetivos durante este tiempo y celebra tus victorias, por triviales que parezcan.

Exploraciones corporales para tratar el dolor

En el capítulo 4, mencioné mi admiración por Jon Kabat-Zinn y cómo introdujo por primera vez la Atención Plena en el contexto médico. Desarrolló el programa *Mindfulness-based Stress Reduction*, que ha ayudado a muchas personas a superar el dolor crónico (Kabat-Zinn, 2013). Uno de los componentes de este programa es una práctica de escaneo corporal.

Participar en prácticas de escaneo corporal requiere un sentido de apertura mental para las personas que sufren dolor. Como puede que sepas por las prácticas de yoga y meditación, concentrarse en la respiración profunda y examinar los pensamientos del cerebro desde un punto de vista objetivo puede ser todo un reto. La exploración corporal pide a la persona que sufre dolor que realice una práctica similar, pero que se concentre en partes del cuerpo para aliviar la presión y el malestar.

La exploración corporal es una práctica de Atención Plena en la que la persona se concentra en partes de su cuerpo, lo que le aporta apertura, curiosidad y relajación mientras explora su dolor. La técnica suele estar guiada por otra persona que le pide que cierre los ojos y se concentre en inhalar y exhalar profunda y conscientemente. Tras varios minutos, el facilitador guía a la persona para que centre su atención en una zona del cuerpo. Cuando la mente se distrae, se anima suavemente al participante a que vuelva a centrar su atención en el cuerpo. Tras varios minutos de exploración, la persona puede volver a abrir los ojos y notar cómo se siente. Un beneficio añadido de participar en este tipo de exploración corporal es que, según la investigación neurocientífica, centrar la conciencia en el cuerpo y la respiración repetidamente ayuda a crear nuevas vías en el cerebro, lo que construye nuestra fuerza interior y resiliencia (Sevinc et al 2018).

Terapia de reprocesamiento del dolor

Además de los escáneres corporales, cerca del 98% de los individuos que experimentaron con la Terapia de Reprocesamiento del Dolor experimentaron alivio del dolor de espalda crónico (Ashar et al., 2021). Con este método, los afectados se liberaron o casi se liberaron del dolor tras solo cuatro semanas de tratamiento. La Terapia de Reprocesamiento del Dolor enseña a los participantes lo que su cerebro y su cuerpo experimentan cuando sienten dolor, de modo que puedan alterar su percepción de este dolor y reducir el miedo que lo rodea. Piensa en este método como una especie de proceso de pensamiento de "la mente sobre la materia". A medida que el paciente aprende más sobre el dolor que experimenta, este conocimiento le quita el poder del miedo al dolor y le devuelve el control de su vida.

Ideas conscientes para ayudar a controlar el dolor

Aunque el tratamiento del dolor puede parecer un proceso que dura toda la vida, es necesario recordar que cada vez que participamos en una actividad que resulta terapéutica y relajante para nuestro cuerpo, también estamos relajando la mente en el proceso. Utiliza las siguientes ideas como una forma de encontrar alivio a cualquier dolor que experimentes mientras cuidas de tu salud mental. Una vez que encuentres una actividad que te guste, repetirla puede ayudar a la mente a volver a un lugar de bienestar una y otra vez.

- Practica ejercicios de respiración profunda para relajar el cuerpo.

- Haz estiramientos diarios o practica yoga.

- Completa una meditación de escaneo corporal. Concéntrate en los lugares donde sientes dolor. Imagina que el dolor se aleja del cuerpo. Accede a mi bono gratuito de escaneo corporal en el apéndice.

- Prueba la acupresión o la acupuntura con un profesional autorizado.

- Frótate aceites esenciales en el cuello, las sienes, el pecho o los pies para relajarte (la lavanda, el romero, la menta y el eucalipto son excelentes para aliviar el dolor).

- Date un baño caliente. Sumérgete durante unos 15 minutos en agua a una temperatura de entre 32 y 37 grados centígrados (90 y 100 grados Fahrenheit).

- Si sufres dolores de cabeza crónicos o migrañas, prueba a aplicarte compresas de gel frío en la cara para aliviarte.

- Fortalece los músculos que rodean las zonas doloridas.

- Date automasajes en las zonas doloridas (pies, piernas, muñecas, mandíbula o cuello).

- Practica qigong o tai chi para aliviar el dolor. Ambos se centran en movimientos lentos del cuerpo para mejorar la concentración y aliviar el dolor.

- Habla con un terapeuta sobre tu dolor. La terapia cognitivo-conductual (TCC) puede ayudar a aliviar el dolor crónico, ya que un terapeuta puede ayudar a cambiar la perspectiva del dolor.

- Prueba la terapia de tejidos blandos. Habla con un médico sobre este método para tratar diversos tipos de dolor.

- Practica la relajación muscular progresiva, una técnica que consiste en tensar y relajar secuencialmente distintos grupos musculares y que ha demostrado aliviar el estrés y favorecer la relajación.

- Utiliza lociones hipoalergénicas calmantes para aliviar los músculos.

- Evita la sobrecarga sensorial descansando con frecuencia de los dispositivos electrónicos.

- Dedícate tiempo a ti mismo. Mira a tu alrededor y observa lo que te rodea, los sonidos ambientales y cómo te sientes.

- Distráete con un nuevo pasatiempo o actividad.

- Aprende más sobre tu dolor específico. Muchos hospitales ofrecen clases o talleres sobre diversos dolores crónicos.

- Habla con tus familiares para que sean conscientes de tu dolor. Comunícales tus necesidades y cuéntales cómo te sientes cuando te enfrentas a un episodio doloroso.

- Evita la fatiga debida al dolor crónico. Intenta echarte una siesta o descansar antes de sentirte agotado.

- Bebe agua para mantenerte hidratado.

- Prueba con una compresa fría que puedas guardar en el congelador. Esta idea es especialmente útil para aliviar el dolor de cabeza.

- Bebe una infusión calmante como la manzanilla.

- Respira aire fresco todos los días (¡sal al aire libre!).

- Entabla amistad con otras personas que padezcan dolor crónico o asiste a un grupo de apoyo para el tratamiento del dolor.

- Sé proactivo con tu dolor. No esperes a que el dolor sea insoportable para buscar ayuda.

- Mantén una actitud positiva y la esperanza de que el dolor disminuirá o desaparecerá.

Nota: Las ideas de autocuidado anteriores ayudan a preparar el cerebro y el cuerpo para la práctica regular de la meditación de Atención Plena. En el Apéndice encontrarás audioguías gratuitas sobre las meditaciones de Atención Plena. Utiliza estas audioguías (en inglés) junto con las prácticas de autocuidado anteriores, mientras te embarcas en tu "Año de la Atención Plena".

Puntos clave

Cuando una persona puede finalmente enfrentarse a cualquier miedo al dolor o llegar a comprender qué tipos de dolor está experimentando, el dolor pierde su poder sobre esa persona. Con esto en mente, debes saber que existe apoyo para cualquier tipo de dolor que una persona pueda experimentar, tanto físico como emocional, así que busca ayuda y tratamiento cuanto antes.

- El dolor físico y el dolor emocional pueden ir a menudo de la mano. Es angustioso para nuestra salud mental manejar un trauma físico, ya sea a corto o largo plazo.

- La tensión muscular, la ansiedad y la depresión pueden ser consecuencia del dolor físico, ya que el dolor crónico perdura en el cuerpo y en la mente.

- La Atención Plena proporciona alivio a los que sufren dolor crónico y conduce a una mejora del estilo de vida mediante el apoyo y la relajación del cuerpo.

- Los médicos pueden proporcionar información sobre qué técnicas de alivio del dolor y prácticas de atención plena pueden ser las mejores para las distintas formas de dolor.

- Los métodos guiados, como la exploración corporal o la terapia de reprocesamiento del dolor, ayudan a los pacientes a reconocer su dolor y a trabajar para reducirlo o eliminarlo.

- Las prácticas de atención plena pueden aliviar a las personas con trastornos neurológicos.

Dado que la experiencia del dolor varía en cada persona, es importante examinar y explorar qué puede ser adecuado para ti y tus propias necesidades. Mientras seguimos pensando en el autocuidado, recuerda que cualquier progreso requiere constancia y resistencia, dos características que estás aprendiendo a dominar.

Capítulo 12:

Atención plena en el atletismo

Aunque no te consideres deportista, imagina que eres un nadador avanzado que se encuentra al borde de una línea de natación, a punto de lanzarse a competir contra otros nadadores. Hueles el cloro mientras miras hacia el final del carril, donde tendrás que nadar rápido. ¡Ya lo tengo! Después de todo, sabes lo que haces. Has entrenado durante años para sentirte seguro en este momento. Nada te impide vivir esta experiencia... hasta que echas un vistazo a tu alrededor.

Todos los ojos están puestos en ti.

Ves a tus amigos y familiares detrás de ti y, aunque te están animando, no puedes evitar sentirte nervioso. *¿Y si hago una mala carrera? ¿Defraudaré a todos? ¿Por qué están todos aquí para verme? ¿Quién soy yo? Seguro que hay muchos otros nadadores a los que les gustaría ver más que a mí.* Y así de simple, te sumerges en pensamientos negativos, dudando de tu propia valía y pericia.

Todos experimentamos el temido síndrome del impostor, aunque no seamos atletas olímpicos. Oímos esa voz en nuestra cabeza que quiere impedir que solicitemos ese trabajo, que pidamos una cita o que nademos con confianza en la piscina. Aunque no se trata de un sentimiento único, es posible que a lo largo del día te des cuenta de que otras personas parecen tenerlo todo controlado sin experimentar signos de este contratiempo. Pero tienes que preguntarte, ¿*realmente* nunca sienten miedo, o simplemente tienen herramientas para hacer frente a los sentimientos de incertidumbre?

Imagínate que tú también tuvieras esas herramientas. Aunque los atletas trabajan para superar los obstáculos entrenándose para ser lo mejor de sí mismos, tanto en cuerpo como en mente, esta técnica puede aplicarse a cualquier persona que trabaje para conseguir un logro. Los atletas de todo el mundo trabajan duro físicamente, pero de lo que muchos atletas no hablan lo suficiente es del papel que desempeña su actitud en su rutina diaria. Tanto si eres un ávido atleta como si quieres tener la motivación de uno, en este capítulo aprenderás a recablear tu cerebro y a abrirte a ti mismo para ganar confianza y participar en oportunidades de las que antes podrías haber huido.

La mente de un atleta

¿Recuerdas la primera vez que intentaste cocinar, bailar, doblar la ropa o escribir en un teclado? Es probable que no se te dieran bien inmediatamente y que tardaras algún tiempo en cogerles el truco. Aunque no recuerdes el proceso que lleva adquirir conocimientos y memoria muscular, tu cerebro hace referencia automáticamente a tu experiencia previa con la habilidad para realizar actividades cada vez que las intentas. "Debido a la neuroplasticidad, cada vez que se realiza una habilidad nuestro cerebro refina esa vía motora... Si un mal patrón de movimiento se realiza repetidamente, la técnica requerirá más práctica y tiempo para arreglar/refinar" (Dobbs, 2018). Notarás que esto sucede si entrenas para practicar un deporte o te ejercitas en un gimnasio pero no sientes que progresas con el tiempo. A menudo, aquí es donde entran en juego los entrenadores y preparadores físicos, ya que nos enseñan sobre las técnicas adecuadas y consejos de información privilegiada para hacer mejoras.

Puesto que el proceso de aprender y practicar una habilidad nos es familiar a todos, no solo a los atletas, hablemos de cómo la motivación y la Atención Plena influyen en el entrenamiento atlético del cerebro. Sí, ser un atleta requiere trabajo duro y dedicación a un oficio, pero mantenerse concentrado y con ganas de seguir rindiendo es una de las habilidades más necesarias de desarrollar. ¿Y cómo consigue un deportista mantener la concentración y las ganas? Pues bien, incluso los atletas más duros suelen adoptar la conciencia mental como una forma de liberar pensamientos y tensiones antes, durante y después de una actuación.

La percepción errónea de la atención plena en el atletismo

Aunque la percepción pública de la resistencia atlética siga siendo que los atletas son fuertes en todos los sentidos y no se estresan porque han entrenado vigorosamente durante mucho tiempo, esto no es cierto. Hay que entender que un atleta también fue una vez un niño pequeño que experimentó vulnerabilidades al igual que el resto de nosotros, navegando por un mundo que a menudo se siente incómodo y aterrador. Al igual que los demás, los atletas experimentan una mente errante, estrés y derrota, especialmente si han estado practicando su arte durante una cantidad significativa de tiempo. Cuestionan su propia fuerza y resistencia, y tienen días buenos y días malos.

Entonces, ¿cuál es la diferencia entre una persona que tiene sentimientos fuera de control y estrés sin parar y un atleta que prospera en su cómoda zona de bienestar? Para empezar, a los deportistas se les suele enseñar a traer la mente de vuelta al momento presente y a mantener la concentración, en lugar de centrarse en los errores que han ocurrido o que podrían ocurrir. Para los atletas entrenados, la capacidad de procesar lo que está sucediendo en el momento y liberar cualquier estrés o tensión es una habilidad practicada que a menudo puede llevar años dominar.

Los no deportistas también pueden aprender esta habilidad para volver a centrarse en momentos de nerviosismo o incluso de crisis. Al igual que ocurre con los contratiempos deportivos, todos experimentamos momentos en los que desearíamos poder superar el miedo y mostrar confianza, o al menos parecer tranquilos. Lo que marca la diferencia en nuestra capacidad para mantener el aplomo y la sensatez es la preparación clave que hacemos entre los segundos cruciales de la actuación.

Piensa en esto: si te pasaras todo el día sentado en el sofá viendo la televisión y comiendo pizza y helado, ¿te convertirías en un futbolista de talla mundial? Lo más probable es que te digas a ti mismo: "No". Pero permíteme que te plantee esta pregunta: si llegaras tarde al trabajo después de una cita con el médico en la que te han diagnosticado hipertensión y se te cayera y rompiera el teléfono mientras derramas refresco por toda la mesa, haciendo que el teclado eche chispas y el portátil se estropee, ¿te sentirías preparado para hacer una presentación increíble delante de toda la empresa? Aunque este caso puede ser extremo, es un ejemplo de cómo a menudo nos ponemos en situaciones sin frenar y preparar mentalmente nuestras mentes para hacer frente a lo que venga.

Para los deportistas, la clave para crear la sensación de motivación viene con la ayuda de cuatro procedimientos mentales que les ayudan a resetearse entre partidos o incluso en medio de uno. Estos pasos incluyen la desactivación, la reafirmación, el reenfoque y la reactivación (Ivey et al., 2015).

- **Desactivación:** Esta pausa consciente pide al atleta que se tome unos segundos para dejar ir cualquier negatividad o preocupación asociada con su rendimiento actual. El deportista puede imaginar que su actitud derrotista se aleja flotando o que es aplastada como un insecto, siempre y cuando el sentimiento abandone su organismo.

- **Reafirmación:** Tras la desactivación, los deportistas se recuerdan a sí mismos palabras o frases que les hacen sentirse positivos y fuertes. Decir algo sencillo como "puedo hacerlo" o "soy fuerte" puede ayudar a una persona a recordar la mentalidad positiva que quiere y necesita tener.

- **Reorientación:** Este concepto devuelve el control al deportista mediante el proceso de visualizar cómo será el resultado positivo y confiar en que se hará realidad.

- **Reactivación:** Por último, este paso pide a la mente del deportista que vuelva al juego o al rendimiento para que pueda tener lugar la siguiente parte de la ejecución de sus habilidades.

Las técnicas de atención plena ofrecen a los deportistas valiosas herramientas para la recuperación física y mental. Una de estas técnicas es el escaneo corporal, en el que los deportistas dirigen sistemáticamente su atención a distintas partes del cuerpo, notan cualquier tensión y la liberan. Esta práctica fomenta la relajación y ayuda a recuperar los músculos fatigados.

Además, incorporar la Atención Plena a las rutinas de ejercicio potencia los beneficios de la actividad física. El ejercicio de Atención Plena implica prestar mucha atención a las sensaciones corporales, los movimientos y los patrones de respiración durante los entrenamientos, fomentando una conexión más profunda entre la mente y el cuerpo.

Las técnicas de respiración también son un gran complemento para las rutinas deportivas. Pueden mejorar significativamente la concentración y la recuperación de los deportistas. Practicando ejercicios de respiración consciente, los deportistas pueden regular su sistema nervioso, reducir el estrés y aumentar el consumo de oxígeno, optimizando así su rendimiento y acelerando los tiempos de recuperación.

Al integrar estas técnicas en su régimen de entrenamiento, los atletas no solo pueden acelerar la recuperación física, sino también cultivar la resiliencia mental, lo que les permite rendir al máximo mientras mantienen el bienestar general.

Visualización para deportistas

Si comparamos la meditación con un juego, es casi como el juego de simulación al que solemos jugar de niños. Deja que esta idea te reconforte mientras exploras todas las formas en que puedes imaginar escenarios que te proporcionen consuelo y reduzcan el estrés. De niño, inventar historias cuando jugabas a fingir con los amigos no tenía límites. Podías ser un caballero luchando contra un malvado dragón o un empleado de una heladería que tenía todos los sabores imaginables. Permite que tu mente adulta funcione de la misma manera cuando visualices el éxito para ti. El cielo es el límite, ¡nada te detiene!

Ya que nos hemos dado cuenta del poder que la imaginación y los resultados hipotéticos pueden tener para un individuo, en particular para los atletas, ahora podemos hablar de algunas de las mejores técnicas de visualización para aumentar la conciencia y mejorar el rendimiento. El concepto de visualizar un rendimiento positivo puede tener un impacto tan fuerte en el cerebro como la meditación, el escaneo corporal y la respiración consciente, por lo que es otra área que los atletas no deben pasar por alto.

Para el perfeccionista que todos llevamos dentro, la visualización ofrece una salida para obtener resultados reales. Si puedes imaginar una situación en tu mente, podrás manejarla mejor en la vida real. Visualizar los resultados también puede ayudarnos a mejorar la memoria, ya que es posible que repitamos los mismos escenarios positivos una y otra vez. Para visualizar un resultado que te gustaría ver, busca primero un lugar tranquilo y siéntate derecho en una silla cómoda. inhala y exhala lenta y conscientemente para calmar la mente, e imagina los detalles del escenario que te gustaría visualizar. Deja que esto no solo te motive mientras tu mente recorre la situación, sino que también te sirva de práctica para el gran acontecimiento. Imagina cómo se desarrollará la escena el "día del partido" e intenta imaginarte cada minuto de la actuación. Concéntrate en mantenerte alerta y en aliviar el estrés como preparación para el día real. Muchos atletas descubren que el proceso de visualización previo al evento puede disminuir la presión a la que se enfrentan durante la experiencia en vivo, puesto que ya estarán familiarizados con la forma en que se desarrolla (Straw, 2023).

Ideas conscientes para el rendimiento corporal

En cualquier escenario de tipo interpretativo, existirá la presión de completar una actividad con perfección, pero intenta dejar de lado esta idea mientras reúnes tus herramientas para hacerlo lo mejor que puedas. Una ventaja de practicar la Atención Plena es que ya no tendrás que presionarte tanto, ya que te sentirás preparado para cualquier cosa que se te presente. Las siguientes ideas pueden ayudar a un atleta en su trabajo hacia el progreso.

- Respira con consciencia (practícalo antes y durante una actividad).

- Realiza exploraciones corporales que te ayuden a relajarte. Cierra los ojos y concéntrate en cada parte del cuerpo por separado, relajándote desde los dedos de los pies hasta la cabeza.

- Visualiza tu éxito como deportista antes de cualquier actuación: busca un lugar tranquilo, cierra los ojos, imagina los detalles de un partido o evento y visualiza tu éxito y las emociones asociadas al evento.

- Escribe un diario. Escribe sobre tus esperanzas, miedos y éxitos como deportista.

- Acuérdate de hacer estiramientos (antes y después de cada actuación).

- Practica una actividad física complementaria que te ayude y mejore tu deporte o actividad principal. Por ejemplo, yoga, ballet, senderismo, kickboxing o levantamiento de pesas.

- Haz una lista de los tres objetivos principales (en orden) de lo que te gustaría conseguir deportivamente este año.

- Piensa en una afirmación positiva para ti y dila en voz alta cada día.

- Aprende a dejar atrás los fracasos (considéralos oportunidades de aprendizaje). Pide perdón en voz alta después de cualquier error.

- Participa en actividades que requieran y fomenten la concentración mental, como leer, escribir o pintar.

- Graba y observa tu actuación. Esto puede resultar difícil para algunos, pero merece la pena intentarlo para mejorar. Utilízalo como herramienta de aprendizaje para tu entrenamiento.

- Sepárate (¡crea límites!) de atletas o personas que hablen negativamente de su rendimiento o del rendimiento de los demás.

- Establece una intención personal al principio de cada entrenamiento. ¿Qué quieres aprender o ganar?

- Descansa de forma constante y regular.

- Crea un calendario de entrenamiento y colócalo en algún lugar visible para que puedas responsabilizarte de la práctica.

- Date una ducha o un baño caliente para aliviar la tensión y el estrés de los ejercicios.

- Prueba a ducharte con agua fría para tonificar el cuerpo y practicar el control de la respiración durante el proceso.

- Escucha música que te inspire o motive.

- Ve un video favorito de un atleta al que admires.

- Crea un hábito de entrenamiento. Aunque acudas a entrenar solo un rato, céntrate en "aparecer".

- Si algo no funciona, actualiza o cambia tu plan de entrenamiento. Mantente abierto y adaptable.

- Come suficientes alimentos saludables para nutrirte adecuadamente para tu rendimiento.

- Bebe aproximadamente entre 11 y 15 vasos (91-125 onzas) de agua al día para hidratar el cuerpo y la mente (Eby, 2023).

- Bosteza o ríete antes de una actuación para calmar los nervios.

- Crea un diario de gratitud sobre tu cuerpo (Ejemplo: "Estoy agradecido por mis piernas porque me permiten caminar y correr", "Estoy agradecido por mis ojos porque me permiten ver la meta").

- Busca un entrenador o amigo que pueda reforzar positivamente tu confianza durante los entrenamientos o los días de rendimiento.

- En el caso de los deportes de equipo, participa en talleres o reuniones que puedan fomentar la camaradería con los compañeros.

- Haz una lista de las recompensas intrínsecas que recibes por practicar este deporte o participar en la actividad.

- Muestra compasión y amabilidad mientras actúas (hacia los demás y hacia ti mismo).

- Practica la Relajación Muscular Progresiva (RMP). Concéntrate lentamente en tensar un músculo durante 8-10 segundos y luego relájalo. Esto ayuda a aliviar la tensión en todo el cuerpo, incluso si no sientes dolor muscular (Toussaint et al., 2021).

- Siente tus sensaciones No tienes por qué impedir que tu mente experimente ciertas emociones, incluso durante los partidos y las actuaciones. Con el tiempo y la práctica meditativa, puedes simplemente sentir tus emociones y seguir adelante.

Nota: Las ideas de autocuidado anteriores ayudan a preparar el cerebro y el cuerpo para la práctica regular de la meditación de Atención Plena. En el Apéndice encontrarás audioguías gratuitas sobre las meditaciones de Atención Plena. Utiliza estas audioguías (en inglés) junto con las prácticas de autocuidado anteriores, mientras te embarcas en tu "Año de la Atención Plena".

Puntos clave

Aunque el atletismo requiere fuerza y habilidad, gran parte de ellas vienen de dentro. Incluso si crees que tus días de atleta han terminado, poseer un espíritu atlético no tiene por qué acabar. Seguir mentalizado y preparado mentalmente debería formar parte de la rutina de entrenamiento tanto como el ejercicio.

- El cerebro intenta recordar información previa para realizar tareas, por lo que adquirir memoria muscular es tan importante como el entrenamiento de fuerza para el cuerpo.

- Los deportistas experimentan contratiempos y son vulnerables, pero a menudo trabajan para superar los retos entrenando la mente para ser positivos antes, durante y después de una actuación.

- Hay cuatro prácticas que pueden ayudar a los deportistas a volver a un estado de conciencia y concentración: desactivación, reafirmación, reenfoque y reactivación.

- Las técnicas de visualización pueden ser un poderoso complemento para los deportistas, además de la meditación con respiración consciente y el escaneo corporal.

Por fin hemos llegado a un punto en el que podemos empezar a utilizar algunas de las técnicas de atención plena que hemos aprendido para llevar nuestra práctica a otro nivel. Examinar las formas de criar a los hijos y envejecer con gracia puede ser un reto, pero con las ideas que has recopilado, puedes aplicar las prácticas que mejor se adapten a tu vida y a tus necesidades.

Capítulo 13:

Ser padres de manera consciente

Es otro día soleado y estás a punto de recoger a tu hijo de la escuela primaria. Al entrar en el aparcamiento, respiras hondo y te das cuenta de que será la última vez que estés solo en lo que queda de día. Saborea este momento de tranquilidad. *Pero no importa, piensas* mientras saludas a tu hijo, que se acerca al coche y sube. Mientras lo saludas, te dice que ha tenido un día ajetreado, pero que ha sido estupendo y que se alegra de poder relajarse ahora. De camino a casa, los dos disfrutan del tiempo que pasan juntos y del espacio para respirar mientras comentan tranquilamente sus días. Ambos están presentes en el momento y pueden compartir sus sentimientos con calma.

Si eres padre, ¿te parece un día normal? Aunque la paternidad puede ser una tarea maravillosa, supongo que este escenario hipotético parece poco realista en comparación con lo que vives normalmente. Independientemente de la edad de tu hijo, lo más probable es que te enfrentes a diario a situaciones imprevistas con él y que, al final del día, tengas la sensación de haber experimentado más de lo que pensabas al levantarte esa mañana.

Ser padres de forma relajada y consciente no tiene por qué parecer tan descabellado, ya que las técnicas de atención plena de las que ya hemos hablado pueden ayudarnos a reaccionar de forma más adecuada ante cualquier cosa que nos depare la vida. El acto de ser padres es algo digno de admiración. Pero también es un trabajo duro. Tal vez lo hayas experimentado alguna vez y hayas perdido la calma durante una interacción con tu hijo. Aunque no es nada de lo que avergonzarse, debes saber que hay enfoques conscientes que puedes utilizar para afrontar todo lo que la vida te depare.

Etapas de atención plena

La crianza consciente consiste en hacer una pausa para reflexionar sobre las decisiones y reacciones que uno tiene ante las situaciones que vive con su hijo, algo que pocos solemos hacer cuando nuestros días son ajetreados. Estar presente es difícil cuando tenemos que hacer malabarismos con las comidas, los viajes en coche, los deberes, los pañales o las conversaciones difíciles con los niños. Para ello, debemos ser conscientes de lo que está ocurriendo para no perder oportunidades ni enfadarnos cuando algo no sale como queremos.

Ahora que ya conoces algunas herramientas que te ayudarán a ser consciente, en esta sección aprenderás a aplicar estos métodos en tu vida como padre. Ser padre es un trabajo importante, así que no solo tendrás la oportunidad de centrarte en lo que es bueno para ti, sino también en lo que es necesario y útil para tu hijo. Nunca es demasiado pronto para practicar la Atención Plena o para enseñar a un niño a estar atento a lo largo del día. Mientras lees, piensa en las formas en que podrás lograr la Atención Plena como padre con la ayuda de estos poderosos métodos.

Atención plena para bebés

Podría decirse que uno de los aspectos más difíciles de la crianza es la comunicación. Cuando cuidamos a un bebé, el hecho de que no pueda hablarnos para describirnos sus emociones o su dolor puede ser frustrante tanto para nosotros como para él. Depende de nosotros descifrar lo que un bebé necesita basándonos en su lenguaje corporal, sus llantos y sus expresiones faciales. Practicando la Atención Plena, podemos desarrollar las habilidades necesarias para comprender nuestras conexiones con los demás, incluso con los bebés.

Una actividad importante para el desarrollo infantil son las "interacciones de ida y vuelta que tienen los niños con los adultos que los cuidan. [Además,] desarrollar nuestra capacidad de ser plenamente conscientes en el momento nos permite convertirnos en detectives más atentos a la hora de descubrir lo que un bebé o un niño pequeño nos está revelando" (Gehl y Bohlander, 2018). Esta es una calle de doble sentido para adultos y niños, ya que los adultos pueden aprender sobre su papel como cuidadores y sintonizar con una conciencia de sí mismos.

Tu atención en la crianza de los bebés les ayudará a ambos a adquirir Atención Plena. Tu bebé empezará a aprender qué respuestas y reacciones le darás, ya sean positivas o negativas, y, con prácticas de atención plena, puedes aprender a responder adecuadamente sin usar la fuerza, gritar o frustrarte en momentos caóticos. Prepárate para moverte un poco más despacio con tu bebé, ya que no todas las horas de comer o del baño deben ser apresuradas. Si ralentizas el proceso, el bebé aprenderá a mantener la calma y la atención cuando por fin empiece a realizar tareas por sí solo.

Atención plena para niños

Una vez que los niños tienen edad suficiente para ir al colegio, siguen aprendiendo a comunicarse eficazmente y están construyendo su banco de vocabulario para hacerlo. Pueden surgir más distracciones a medida que se forman amistades, pero las habilidades de atención son tanto más vitales aquí cuanto que los niños experimentan más oportunidades de ejercer su independencia de ti. Una vez que el niño puede comunicarse más claramente con sus padres, es el momento de hablar de cómo Atención Plena puede ayudarle en la escuela y en la vida.

Habla con tu hijo sobre estrategias de respiración, estrategias de conteo lento o técnicas de meditación que podrían ayudarle a calmarse. Aunque no quieran probarlas en el colegio, pueden practicarlas en casa para ganar control sobre los sentimientos que han experimentado a lo largo del día. Nombrar cualquier sentimiento importante que haya experimentado tu hijo también te ayuda a conectar con lo que afronta durante el día cuando tú no estás. Hablar de situaciones que han experimentado o podrían experimentar puede ayudarles a visualizar estrategias eficaces de autorregulación y empatía.

Atención plena para adultos

Incluso de adultos, nos esforzamos constantemente por encontrar las palabras adecuadas para decir a los demás cómo nos sentimos. A medida que un niño se convierte en adulto, adquiere la experiencia que le ayuda a enfrentarse a situaciones específicas, pero algunos adultos siguen recurriendo a rabietas parecidas a las de un niño pequeño si algo no sale como ellos quieren. Sin embargo, si tienen un historial de Atención Plena aprendida, tendrán técnicas que emplear centradas en la concienciación, la amabilidad y la positividad.

Cuando somos adultos, muchos de nosotros ya sabemos cómo comunicarnos a un nivel básico, pero muchos de nosotros todavía no sabemos cómo escuchar. Detenerse a escuchar activamente a los demás, incluso cuando dicen algo que no queremos oír, requiere madurez y paciencia. Cuando somos capaces de escuchar con más atención, a menudo aprendemos más, nos volvemos más curiosos y crecemos en la comprensión de nosotros mismos.

Como padres, animar a los niños a comunicarse y a escuchar bien puede ayudarles a tomar decisiones en el futuro y a mejorar su bienestar mental, por lo que presentarles estas ideas puede ayudarles a crear conexiones abiertas (Marie, 2022). Esto también contribuye a tu tranquilidad como padre, sabiendo que las prácticas de atención plena que has ayudado a tu hijo a aprender seguirán siendo métodos de los que podrá tirar cuando esté estresado o ansioso.

Establecer normas de crianza realistas

Muchos padres experimentan intercambios con sus hijos de los que no se sienten orgullosos. Es importante saber que no estás solo: no es fácil ser padre y no existe una guía para ser "el mejor" padre (¡porque no existe tal cosa!). Ser padre es una experiencia única para cada persona. Lo que quizá sea más importante que ser el padre "perfecto" es entender cómo aceptar los momentos en los que no se es el mejor, aprender de ellos, crecer con ellos y seguir avanzando para ser un padre del que sentirse orgulloso.

Cuando observas a tu hijo mientras juega o realiza las tareas cotidianas, puedes empezar a darte cuenta de qué prácticas de atención plena pueden ser mejores para él, pero también es importante dejar que la atención plena se produzca de forma natural en lugar de intentar forzar la participación.

Establecer objetivos realistas para los niños y comunicarles estas ideas claramente una vez que sean capaces de entenderte es una de las formas más sencillas de empezar a practicar la Atención Plena hoy mismo. Por ejemplo, a la hora de comer, puedes practicar la atención plena describiendo por turnos los colores, texturas y sabores de la comida sin juzgarla. También pueden practicar la escucha consciente sentándose juntos en silencio y centrándose en los sonidos que les rodean, como el canto de los pájaros o el paso de los coches. Con estas prácticas, puedes enseñar a tus hijos a estar presentes en el momento, gestionar sus emociones y cultivar una mayor sensación de calma y conciencia.

Introducir poco a poco a los niños en prácticas de atención plena como la meditación guiada, el escaneo corporal y los ejercicios de respiración profunda también puede ayudar a calmar la mente del niño y ofrecerle una nueva perspectiva antes de continuar con su día. Los niños también disfrutan de una rutina constante, aunque no les guste admitirlo, por lo que programar un momento para meditar o simplemente respirar y relajarse antes de la siesta o a la hora de acostarse puede ofrecerles la oportunidad de calmar su mente.

A cualquier edad, los niños intentarán poner a prueba sus límites y afirmar su independencia, así que intenta ser flexible cuando trabajes con ellos en prácticas de atención plena. Comparte tus ideas con ellos, pero haz los ajustes necesarios a medida que tu hijo crece. No es necesario que le expliques todos los detalles de los beneficios de las prácticas de atención plena; simplemente, haz que la técnica sea fácil y divertida para que la disfrute. Recuerda que tu comportamiento modelado es una de las herramientas más influyentes que tienes a la hora de criar a tus hijos, así que establecer un tono de aprecio por la

Atención Plena puede ser la forma número uno de conseguir que un niño esté deseoso de participar en acciones conscientes.

Las necesidades de un padre

Cualquier persona que haya pasado un solo día con un niño puede entender lo importante que puede ser reservar tiempo para el autocuidado. Puesto que la salud mental está conectada con la salud física, es necesario ocuparse también de tus necesidades. Como sabrás por el estrés al que te has enfrentado en tu vida, la tensión se acumula y tiende a liberarse de forma negativa si no creamos salidas para desestresarnos. Dado que un padre cansado y ansioso probablemente no será el mejor cuando interactúe con su hijo, reserva tiempo para meditar, pasear al aire libre, leer un libro o escribir tus pensamientos como forma de liberar parte de la presión a la que te enfrentas como padre.

Tomar descansos

Como ya hemos dicho, ser un modelo de comportamiento consciente para tu hijo es una de las mejores formas de demostrarle que te respetas y te quieres a ti mismo. Planear una salida nocturna con tus amigos o tu pareja mientras tu hijo se divierte con una niñera o un familiar le permite ver que necesitas tiempo para actividades sociales al igual que ellos.

Permite que tu hijo te vea guardar el teléfono y tomarte descansos conscientes de los dispositivos electrónicos para que también sepa que el tiempo que pasas con él es importante. Los niños se dan cuenta más de lo que creemos, y cuando ven a un padre apegado a su teléfono y mirándolo constantemente, es posible que busquen atención de cualquier forma posible, incluso utilizando medios negativos. Tómate descansos para bailar, cantar y jugar con tu hijo. Cuando crezcan, recordarán los sentimientos que tuvieron durante estas experiencias contigo, aunque no recuerden todas las actividades que hicieron juntos.

En un estudio en el que se midió la inteligencia emocional y el impacto del uso de dispositivos por parte de los padres y sus hijos de entre cinco y doce años, los investigadores descubrieron que los padres que utilizaban el móvil con más frecuencia delante de sus hijos tenían hijos con una inteligencia emocional más baja (2023):

> El uso del teléfono por parte de los padres se asocia con la "cara quieta", una apariencia inexpresiva que a menudo se interpreta como depresión, lo que puede afectar aún más al desarrollo de las habilidades emocionales del niño. La conclusión es que los padres deben ser más conscientes de la frecuencia con la que utilizan sus teléfonos cerca de sus hijos... La mirada de los padres envía un mensaje a sus hijos sobre lo que es importante". (Ohhh)

Puntos clave

Ahora que puedes reflexionar sobre algunas de las prácticas de atención plena que has identificado para ti, considera cómo puedes incorporar la Atención Plena mientras pasas tiempo con tu hijo. Incluso si esto significa simplemente modelar tu propio comportamiento de atención plena, tu hijo lo verá y aprenderá de tu capacidad para autorregularte, escuchar y cuidar de ti mismo y de los demás.

- Introducir técnicas de atención plena en los niños puede ayudarles a desarrollar estrategias que utilizarán a lo largo de su vida.

- A cualquier edad, las técnicas de atención plena pueden ayudar a los niños a desarrollar habilidades de comunicación y empatía hacia los demás.

- Los padres pueden ayudar a los niños a incorporar técnicas de respiración consciente y/o meditación en su día a día, así como a modelar la importancia de tales prácticas.

- Establecer objetivos realistas para los niños y adaptarse a cualquier cambio de planes ayuda a marcar la pauta de la crianza consciente.

- Reservar tiempo para el autocuidado como padre puede permitirte calmar la mente y tomarte descansos.

Por último, examinaremos lo que significa practicar la Atención Plena a medida que se envejece. Aunque nunca es demasiado tarde ni demasiado pronto para empezar a practicar la Atención Plena, se trata de una práctica continua para que puedas disfrutar de los beneficios de la reducción del estrés.

Capítulo 14:

La atención plena a cualquier edad

Está en todas partes. Al entrar en casi cualquier tienda, es probable que nos veamos inundados de modelos preciosas en carteles y anuncios que muestran lo que podemos comprar para tener una piel más joven, perder peso o vestir como una celebridad. Es difícil evitar sentir que no somos lo bastante atractivos cuando vivimos en una cultura que valora la belleza y teme envejecer. Aunque los cambios en el aspecto físico son inevitables a medida que envejecemos, mantener una actitud consciente a lo largo de la vida puede ayudarnos a sentirnos equilibrados y seguros de nosotros mismos hasta bien entrada la vejez.

La mente de un niño

Sabemos que los niños son impresionables y absorben ideas y lecciones todos los días, pero, sorprendentemente, la enseñanza de Atención Plena a los niños solo ha ganado popularidad recientemente en los sistemas escolares. Aunque las escuelas y los grupos comunitarios están empezando a prestar más atención a los efectos ventajosos del yoga, la meditación, las estrategias de autocalmación y las técnicas de respiración profunda para los niños, los resultados de estas prácticas también parecen ayudar a los más pequeños a comprender que hay formas de tomar conciencia de sus sentimientos sin recurrir a la violencia verbal o física. "Las investigaciones existentes hasta la fecha sugieren que la autorregulación puede mejorar como resultado del entrenamiento en Atención Plena durante la infancia. En particular, los estudios de entrenamiento de Atención Plena con niños en edad escolar y adolescentes han documentado mejoras en los índices de autorregulación de maestros y padres" (Zelazo & Lyons, 2011).

Ahora que eres más consciente del impacto positivo que la Atención Plena puede tener, considera cómo estas prácticas podrían haberte beneficiado si las hubieras aprendido en la infancia. La introducción de las prácticas de la Atención Plena a los niños puede ayudar en la autogestión como adultos. La práctica de la Atención Plena no se valora en la sociedad tanto como debería. "El entrenamiento en Atención Plena puede proporcionar práctica en el reprocesamiento reflexivo... a la vez que minimiza las influencias que interfieren con la función cortical prefrontal (por ejemplo, cortisol/estrés) y maximiza las influencias que promueven esta función (por ejemplo, dopamina/emociones orientadas al acercamiento como la felicidad y la curiosidad)" (Zelazo & Lyons, 2011). Para un niño, esto significa que las prácticas de atención plena pueden contribuir al desarrollo de las habilidades de toma de decisiones, resolución de problemas y creatividad.

Envejecer con dignidad

A medida que envejecemos, a veces resulta más difícil empezar una nueva afición o interesarse por algo que nunca hemos probado antes, pero las prácticas de atención plena suelen encajar fácilmente en un horario y pueden ser lo bastante sencillas como para practicarlas en casi cualquier lugar durante el día. Ten en cuenta que nunca es demasiado tarde para empezar una práctica de Atención Plena y que el cerebro se beneficia enormemente de la continuación del aprendizaje de nuevas ideas. "La evidencia sugiere que la meditación, la oración y otras prácticas religiosas y espirituales relacionadas pueden tener efectos significativos en el cerebro que envejece -efectos positivos que pueden ayudar a mejorar la memoria y la cognición, el estado de ánimo y la salud mental en general" (Newberg, 2011).

Como sabemos que entrenar la mente con rompecabezas, nuevas habilidades y ejercicios de concentración puede ayudar a frenar el proceso de envejecimiento del cerebro, date cuenta de que siempre hay espacio para el crecimiento y el desarrollo en tu vida. Aunque quieras asumir que eres un experto en algo que has practicado durante años, libérate de esta mentalidad fija para comprender que siempre puedes aprender nuevas ideas sobre un tema a cualquier edad.

Cuando una persona se centra en un objetivo realista, tiende a mantenerse motivada para conseguirlo. A medida que envejecemos, siempre podemos adaptar nuestros objetivos, pero considera cómo quieres verte y sentirte dentro de cinco, diez o incluso veinte años y céntrate en trabajar para conseguir objetivos que te ayuden a desarrollar tu propósito. En nuestro camino hacia el logro, aprendemos más sobre nosotros mismos y sobre los demás, e incluso podemos decidir que queremos cambiar por completo nuestro calendario o nuestros ejercicios de atención plena para adaptarlos a nuestro estilo de vida. Aunque centrarse en el momento presente es un objetivo clave en las prácticas conscientes, planificar nuestro éxito y desarrollo futuros puede impulsarnos en el deseo de seguir siendo conscientes.

Cómo mantener la atención plena

Alguien que no esté tan familiarizado con la idea de las prácticas de atención plena y cómo éstas pueden ayudar, podría tener la impresión de que son una pérdida de tiempo o que hay demasiadas cosas que hacer a lo largo del día como para añadir prácticas de atención plena. Puede que juzguen algunas prácticas como demasiado "new age" para ellos cuando, en realidad, estas prácticas llevan siglos beneficiando a las personas. Aunque es importante socializar y conectar con los demás, nunca permitas que nadie ridiculice las prácticas de atención plena que te ayudan a relajarte o a preparar el terreno para el día.

Mantenerse consciente significa que *controlas* tu vida. Estás desarrollando el poder de dejar que las ideas floten hacia ti y se alejen de ti con suavidad y facilidad. Los pensamientos que, en un momento dado, podrían haberte causado estrés son ahora simplemente ideas que puedes observar objetivamente y sobre las que puedes tomar decisiones cuando sea el momento adecuado. Parafraseando y aplicando esto a la cita mencionada anteriormente (en el capítulo 6) del Dr. Viktor Frankl, la Atención Plena te permite encontrar ese espacio, entre el estímulo y la respuesta, y te da la libertad de elegir.

Si bien no podemos controlar todo lo que ocurre en la vida, sí podemos tomar decisiones más conscientes para asegurarnos de que cuidamos de nosotros mismos, tanto en cuerpo como en mente. Acudir al médico para revisiones periódicas, hablar con tu médico o terapeuta sobre cualquier estrés o preocupación que tengas y planificar actividades de autocuidado a lo largo del día son algunas de las formas básicas de ser proactivo con respecto a tu bienestar (Brettingen, 2022).

Por supuesto, continuar con las aficiones o actividades en las que ya participas puede mantener tu cerebro activo y alerta, pero intenta diversificarte para encontrar nuevos intereses que hagan trabajar tu mente. Únete a grupos que te permitan retribuir a tu comunidad, ser voluntario y marcar la diferencia en tu mundo. Este tipo de iniciativas tienen la ventaja añadida de que te ayudan a sentirte satisfecho con el trabajo que haces y con la forma en que empleas tu tiempo. ¡Participar en actividades de este tipo también puede ser una forma estupenda de conocer a personas con ideas afines que disfrutan de las prácticas conscientes tanto como tú!

Qué te depara el futuro

Como nunca sabemos con certeza lo que nos depara el futuro, es útil practicar formas sanas de expresarnos y liberar el estrés para poder afrontar cualquier cosa que se nos presente. Siempre podemos planificar resultados positivos con prácticas conscientes, y también estar preparados para algunas sorpresas. Si eres el tipo de persona que disfruta estando pendiente en todo momento de cómo será tu día, añadir un ejercicio de atención plena como meditar durante solo diez minutos puede ofrecerte la oportunidad de evadirte y desestresarte, al tiempo que te mantienes abierto a lo desconocido. Supongamos que estás tranquilo y relajado a la hora de completar tareas a lo largo de la semana. En ese caso, la Atención Plena puede ofrecerte la oportunidad de apreciar y agradecer lo que tienes y la actitud que posees. La conclusión es que las prácticas de atención plena no son para un determinado *tipo* de persona, sino que son para que *cada* persona las disfrute y obtenga beneficios de ellas.

Al tratarte a ti mismo con amabilidad, alteras la forma en que tu cerebro ve el mundo. Lo más probable es que notes este efecto como uno de los primeros beneficios de las prácticas conscientes. Sacar tiempo de tu día para practicar el autocuidado no solo te da algo que esperar, sino que también entrena a tu cerebro para que se sienta positivo al practicar la Atención Plena e incorporarla a tu nueva forma de pensar. "Sabemos que anticipar algo positivo en realidad ayuda a mantener los niveles de dopamina en tu cerebro... Así que la sola idea de anticipar algo bueno puede cambiar físicamente la química de tu cerebro para que te sientas feliz" (Volpe, 2020). Empieza a disfrutar de los momentos sencillos de tu vida y a sentir ilusión por tu futuro consciente.

Puntos clave

Ahora que estamos llegando al final de nuestra exploración de las formas positivas en las que la Atención Plena puede impactar en el cerebro, te invito a que continúes tu comprensión aplicando prácticas y programando tiempo para tu camino de atención plena. Cuando estableces una rutina para la Atención Plena, la *conviertes* en una prioridad, lo que mostrará a los demás que valoras la oportunidad de realizar ejercicios de atención plena. Para apoyarte aún más con esto, he incluido contenido extra accesible desde el apéndice.

- Los estudios que miden el impacto de Atención Plena en grupos escolares y comunitarios están determinando que prácticas como el yoga, la meditación y la respiración profunda parecen tener un efecto positivo en los niños pequeños.

- A medida que una persona envejece, las prácticas de atención plena ayudan a mejorar y mantener la memoria, la concentración y la autoconciencia.

- Seguir aprendiendo estimula partes del cerebro y libera sustancias químicas saludables para conseguir estados de ánimo y emociones más positivos.

- Tomar decisiones conscientes sobre nuestro cuerpo y nuestra salud garantiza que sigamos siendo proactivos en el cuidado de nosotros mismos.

Aprender cualquier cosa nueva requiere compromiso y esfuerzo, pero la Atención Plena es una práctica que puede convertirse en una forma de vida natural simplemente incorporándola a nuestro día a día. No tiene por qué quitarnos mucho tiempo de nuestra agenda, y sus efectos nos harán mucho más productivos a lo largo del día.

Conclusión

Muy a menudo, las personas no se toman el tiempo necesario para comprender y reflexionar sobre cómo podrían mejorar sus vidas con cambios sencillos. Hoy te reto y te animo a que proceses el trabajo que has realizado a lo largo de este libro porque, te des cuenta o no, ya has hecho mucho. Has tomado la iniciativa de comprender más sobre ti mismo y sobre cómo mejorar tu salud cerebral.

Tal como se mencionó anteriormente, si intentas abarcar demasiado a la vez, el efecto será mínimo, ya que es probable que te agotes rápidamente y vuelvas a los comportamientos anteriores. En lugar de intentar aplicar todas las ideas de este libro en tu vida simultáneamente, me gustaría que pensaras en una práctica o técnica que vayas a probar hoy y que te resulte calmante y beneficiosa. Dado que tu cerebro, con su asombrosa europlasticidad, es capaz de adaptarse y responder de formas nuevas, empieza a considerar técnicas que puedan tanto desafiar como reconfortar a este increíble órgano.

¿Qué te espera ahora?

Recuerda que éste puede ser tu "año de Atención Plena" a partir de ahora. Utiliza las listas que aparecen al final de los capítulos para asentar tu cerebro y tu cuerpo, y guiarte en tu siguiente fase de experimentación con las prácticas conscientes. El final de este libro no significa el final de tu viaje consciente. Por el contrario, considéralo como una invitación a dar los siguientes pasos. A través del contenido extra del apéndice, podrás seguir tu aventura consciente y empezar a explorar atractivos ejercicios que pueden estimular la función cerebral y mejorar la memoria.

Si aún dudas de si tienes la energía necesaria para convertirte en una persona más consciente, piensa en esto. *Tú* eres el único que controla tus próximos pasos. Sí, es probable que te veas arrastrado en muchas direcciones diferentes a lo largo del día, y equilibrarlo todo puede parecer difícil, pero con la incorporación de prácticas de atención plena, es probable que disfrutes de mejores funciones cognitivas, un sistema inmunitario reforzado y mejores noches de sueño para poder con todo. Además, el alivio del estrés que experimentas al entrar en un estado de Atención Plena te resultará más familiar a medida que sigas practicando diversas técnicas.

Tu cerebro es un banco, y las prácticas de atención plena son los pequeños depósitos que harás y que te recompensarán con el tiempo. No esperes a estar estresadísimo para empezar a practicar un ejercicio consciente. Crea oportunidades consciente en los días buenos y en los malos. Me aventuro a adivinar que te beneficiará experimentar momentos de calma y tranquilidad tanto en los días ajetreados como en los tranquilos. Considera la posibilidad de levantarte cada mañana con la confianza necesaria para practicar el autocuidado, comer con atención y tomar decisiones conscientes a diario. La atención plena realmente cambia la vida y ahora, con la ayuda de este libro, tienes cientos de ideas a las que puedes recurrir cuando necesites una acción rápida para calmarte.

Tanto si eres un padre que necesita recargar su energía e inhalar a un hijo con prácticas de atención plena, un atleta que espera ganar más concentración en su oficio, o un empleado que trabaja duro cada día que desea sentir satisfacción en su productividad, los mensajes de atención plena que seguiré proporcionando te permitirán disfrutar de nuevos y atractivos métodos de Atención Plena para la salud cerebral.

Me gustaría pedirte amablemente un momento de tu tiempo. Si has encontrado valor en las ideas, estrategias y conocimientos compartidos en este libro, te agradecería enormemente que dejaras una reseña. Tus opiniones y comentarios son muy valiosos y los leeré todos. No solo me animan para seguir creando contenidos que importan, sino que también ayudan a otros lectores a tomar decisiones informadas sobre sus opciones de lectura. Tu opinión es un pequeño gesto que puede tener un gran impacto. Muchas gracias.

Te deseo positividad y progreso en la continuación de lo que te has atrevido a empezar. El esfuerzo consciente en el que estás trabajando ahora dará sus frutos en los días en los que te sientas agotado y frustrado. En días así, sabrás tomarte el tiempo que necesites para refrescar la energía de tu mente. ¡Disfruta de esta nueva aventura y mantente abierto a las posibilidades!

¿Puedes prestarme tu apoyo, por favor?

¡Gracias de nuevo por leer este libro! Espero que te haya resultado interesante y útil.

Las reseñas marcan la diferencia a la hora de descubrir un libro.

Me encantaría conocer tu opinión con una reseña rápida en Amazon.

Te lo agradezco profundamente y leeré tus reseñas.

Para tu comodidad, los siguientes códigos QR o enlaces te llevan directamente a la página de la reseña en su respectivo mercado de Amazon:

Amazon.es/review/create-review?&asin=1738558142

Amazon.com/review/create-review?&asin=1738558142

Amazon.ca/review/create-review?&asin=1738558142
Amazon.co.uk/review/create-review?&asin=1738558142

Apéndice

Para obtener audioguías gratuitas sobre prácticas guiadas de Atención Plena (en inglés), puedes registrarte utilizando el siguiente enlace o el código QR que aparece a continuación

bit.ly/ Mindfulness-book-bonuses

Glosario

- **Amígdala:** La pequeña porción del cerebro que ayuda a discernir situaciones de riesgo y a controlar las emociones, el comportamiento y el conocimiento.

- **Atención plena:** Un estado de conciencia que puede adquirirse mediante la práctica de actividades tranquilizadoras que se centran en ver los pensamientos y sentimientos desde un punto de vista más objetivo.

- **Cerebelo:** La parte del cerebro que ayuda en la función muscular y está situada hacia la parte posterior del cerebro, cerca de la médula espinal.

- **Cerebro:** La parte más grande del cerebro que ayuda en las funciones del comportamiento, el lenguaje y la conexión del significado de la información sensorial.

- **Corteza prefrontal:** Compuesta por el lóbulo frontal, esta porción del cerebro procesa las emociones y el comportamiento para desempeñar un papel en las funciones cognitivas.

- **Corteza/lóbulo frontal:** Parte del cerebro que ayuda a hacer planes y tomar decisiones basándose en la capacidad de juzgar situaciones. Esta parte también controla la atención y la impulsividad del individuo.

- **Entrenamiento cognitivo basado en la atención plena (MBCT):** Un tipo de terapia que se centra en prácticas de atención plena para mejorar la conciencia. Esta forma de terapia se utiliza principalmente para tratar los síntomas de la depresión.

- **Exploración corporal:** Práctica de atención plena que fomenta el alivio del estrés centrándose en la relajación de partes del cuerpo de forma concentrada.

- **Hipocampo:** Situado en el lóbulo temporal, esta zona del cerebro ayuda a almacenar recuerdos. El hipocampo es una de las zonas más vulnerables a la pérdida de memoria si se daña debido a trastornos neurológicos o traumatismos físicos.

- **Lóbulo occipital:** Parte posterior del cerebro que permite el reconocimiento facial y el discernimiento visual.

- **Lóbulo parietal:** La sección media superior del cerebro que procesa los sentidos y los estímulos externos.

- **Lóbulo temporal:** La sección media inferior del cerebro que ayuda con el lenguaje, la memoria y el procesamiento de las emociones.

- **Materia gris:** Tejido neural del cerebro que contiene fibras para procesar el habla, las funciones cognitivas, el movimiento y las sensaciones corporales.

- **Memoria episódica:** La capacidad de recordar acontecimientos concretos del pasado y recordar los detalles de la experiencia.

- **Neuroplasticidad:** La capacidad del cerebro para cambiar y recablear sus sinapsis basándose en su experiencia de aprendizaje o adaptación a situaciones.

- **Neurotransmisores:** Sustancias químicas liberadas en el cerebro que proporcionan información a los músculos y al sistema nervioso del cuerpo.

- **Nocicepción:** Capacidad del sistema nervioso para procesar daños en los tejidos corporales o percibir temperaturas extremas.

- **Relajación muscular progresiva (RMP):** Método terapéutico que ayuda a aliviar el estrés, los dolores de cabeza, los problemas digestivos y otros problemas crónicos mediante la práctica de tensar y relajar los músculos de todo el cuerpo.

- **Ritmo circadiano:** El ritmo natural del cuerpo que responde al hambre, la temperatura, los ciclos de sueño y la liberación de hormonas. Este ritmo observa cambios en el entorno a lo largo de un ciclo diurno de 24 horas.

- **Sinapsis:** Pequeño espacio en el extremo de las neuronas que transmite mensajes del cerebro al sistema nervioso.

- **Terapia de reprocesamiento del dolor:** Tipo de tratamiento terapéutico que ayuda a aliviar el dolor crónico recableando el cerebro para que responda de forma diferente al dolor corporal.

- **Tronco encefálico:** La zona del cerebro que proporciona mensajes al resto del cuerpo, ya que conecta el cerebro con la médula espinal.

Referencias

Nota sobre las referencias: Este libro se ha escrito para el público en general. Por ello, he decidido no limitar las referencias únicamente a trabajos académicos. Así pues, las referencias y los recursos adicionales que aquí se enumeran incluyen sitios web que pueden resultarte interesantes o útiles a medida que avanzas en tu viaje.

American Psychological Association. (2018, 1 de noviembre). *Stress effects on the body.* American Psychological Association. https://www.apa.org/topics/stress/body

Ashar, Y. K., Gordon, A., Schubiner, H., Uipi, C., Knight, K., Anderson, Z., Carlisle, J., Polisky, L., Geuter, S., Flood, T. F., Kragel, P. A., Dimidjian, S., Lumley, M. A., & Wager, T. D. (2021). Effect of pain reprocessing therapy vs placebo and usual care for patients with chronic back pain. *JAMA Psychiatry, 79*(1). https://doi.org/10.1001/jamapsychiatry.2021.2669

Atlas, L. Y., Dildine, T. C., Palacios-Barrios, E. E., Yu, Q., Reynolds, R. C., Banker, L. A., Grant, S. S., & Pine, D. S. (2022). Instructions and experiential learning have similar impacts on pain and pain-related brain responses but produce dissociations in value-based reversal learning. *ELife, 11,* e73353. https://pubmed.ncbi.nlm.nih.gov/36317867/

Bahl, S., Milne, G. R., Ross, S. M., Mick, D. G., Grier, S. A., Chugani, S. K., Chan, S. S., Gould, S., Cho, Y.-N., Dorsey, J. D., Schindler, R. M., Murdock, M. R., & Boesen-Mariani, S. (2016). Mindfulness: Its transformative potential for consumer, societal, and environmental well-being. *Journal of Public Policy & Marketing, 35*(2), 198–210. https://www.jstor.org/stable/44164852?read-now=1&seq=2#page_scan_tab_contents

Bargh, J. A., & Morsella, E. (2008). The unconscious mind. *Perspectives on Psychological Science*, *3*(1), 73–79. https://www.ncbi.nlm.nih.gov/pmc/articles/PMC2440575/

Barnhofer, T. (2019). Mindfulness training in the treatment of persistent depression: Can it help to reverse maladaptive plasticity? *Current Opinion in Psychology*, *28*, 262–267. https://doi.org/10.1016/j.copsyc.2019.02.007

Baron Short, E., Kose, S., Mu, Q., Borckardt, J., Newberg, A., George, M. S., & Kozel, F. A. (2010). Regional brain activation during meditation shows time and practice effects: An exploratory FMRI study. *Evidence-Based Complementary and Alternative Medicine*, *7*(1), 121–127. https://doi.org/10.1093/ecam/nem163

Batson, J. (2021). *Workplace stress - The American Institute of Stress*. The American Institute of Stress. https://www.stress.org/workplace-stress

Bernstein, A., Vago, D. R., & Barnhofer, T. (2019). Understanding Mindfulness, one moment at a time: An introduction to the special issue. *Current Opinion in Psychology*, *28*, vi–x. https://doi.org/10.1016/j.copsyc.2019.08.001

Brahm Centre. (2020, 31 de agosto). *Neuroplasticity - how Mindfulness reshapes the brain | Dr Sara Lazar*. Youtube.com. https://www.youtube.com/watch?v=wP9X6QIaflU

Boys Town National Hotline. (s.f.). *10 ways to stay grounded*. Your Life Your Voice. Recuperado el 17 de enero de 2024, de https://www.yourlifeyourvoice.org/pages/10-ways-to-stay-grounded.aspx

Brahm Centre. (2020, 31 de agosto). *Neuroplasticity - how Mindfulness reshapes the brain | Dr Sara Lazar*. Youtube.com. https://www.youtube.com/watch?v=wP9X6QIaflU

Brettingen, P. J. (2022, 30 de agosto). *How to age gracefully by changing your mindset*. DailyOM. https://www.dailyom.com/journal/how-to-age-gracefully-by-changing-your-mindset/

Broadway, K. (2023, 25 de mayo). *The benefits of Mindfulness for student-athletes | NCSA*. Ncsasports.org. https://www.ncsasports.org/blog/benefits-of-Mindfulness-for-athletes

Brown, K. W., Goodman, R. J., Ryan, R. M., & Anālayo, B. (2016). Mindfulness enhances episodic memory performance: Evidence from a multimethod investigation. *PLOS ONE, 11*(4), e0153309. https://doi.org/10.1371/journal.pone.0153309

Campbell, L. (2016, 17 de mayo). *Personal boundaries: Types and how to set them*. Psych Central. https://psychcentral.com/relationships/what-are-personal-boundaries-how-do-i-get-some

Celestine, N. (2020, 15 de agosto). *What is mindful breathing? Exercises, scripts and videos*. PositivePsychology.com. https://positivepsychology.com/mindful-breathing/

Corporate Wellness Magazine. (s.f.). *Workplace stress: A silent killer of employee health and productivity*. Corporatewellnessmagazine.com. https://www.corporatewellnessmagazine.com/article/workplace-stress-silent-killer-employee-health-productivity

Cunningham, C., Kashino, M. M., & Phillips, H. G. (2018, 18 de enero). *10 easy ways to make your home more peaceful*. Washingtonian. https://www.washingtonian.com/2018/01/18/10-easy-ways-to-make-your-home-more-peaceful/

Damasio, A. R. (1999). How the brain creates the mind. *Scientific American, 281*(6), 112–117. https://www.jstor.org/stable/26058529

Dobbs, I. (2018, 4 de marzo). *Neuroplasticity*. Science for Sport. https://www.scienceforsport.com/neuroplasticity

Dunne, J. D., Thompson, E., & Schooler, J. (2019). Mindful meta-awareness: Sustained and non-propositional. *Current Opinion in*

Psychology, *28*, 307–311. https://doi.org/10.1016/j.copsyc.2019.07.003

Eby, S. (2023, 5 de junio). *Hydration tips for athletes | Mass general Brigham*. Massgeneralbrigham.org. https://www.massgeneralbrigham.org/en/about/newsroom/articles/tips-for-staying-hydrated

Garey, J. (2023, 6 de noviembre). *Practice mindful parenting | Mindfulness techniques*. Child Mind Institute. https://childmind.org/article/mindful-parenting-2/

Gehl, M., & Bohlander, A. H. (2018). Being present: Mindfulness in infant and toddler settings. *YC Young Children*, *73*(1), 90–92. https://www.jstor.org/stable/90019488

Giles, J. (2019). Relevance of the no-self theory in contemporary Mindfulness. *Current Opinion in Psychology*, *28*, 298–301. https://doi.org/10.1016/j.copsyc.2019.03.016

Grant, J. A., & Zeidan, F. (2019). Employing pain and Mindfulness to understand consciousness: A symbiotic relationship. *Current Opinion in Psychology*, *28*, 192–197. https://doi.org/10.1016/j.copsyc.2018.12.025

Hamm, K (2023, 23 de marzo). How parents' smartphone use affects their kids. https://www.universityofcalifornia.edu/news/how-parents-smartphone-use-affects-their-kids

Hartfiel, N., Havenhand, J., Khalsa, S. B., Clarke, G., & Krayer, A. (2011). The effectiveness of yoga for the improvement of well-being and resilience to stress in the workplace. *Scandinavian Journal of Work, Environment & Health*, *37*(1), 70–76. https://www.jstor.org/stable/40967889

Harvard School of Public Health. (2020, 14 de septiembre). *Mindful eating*. The Nutrition Source. https://www.hsph.harvard.edu/nutritionsource/mindful-eating/

Harvard T.H. Chan School of Public Health. (2019, 21 de agosto). *Packing a healthy lunchbox.* The Nutrition Source. https://www.hsph.harvard.edu/nutritionsource/kids-healthy-lunchbox-guide

Henriksen, K. (2022). The magic of Mindfulness in sport. *Frontiers for Young Minds, 10.* https://doi.org/10.3389/frym.2022.683827

Herz, R. (2016). The role of odor-evoked memory in psychological and physiological health. *Brain Sciences, 6*(3), 22. https://doi.org/10.3390/brainsci6030022

Hölzel, B. K., Carmody, J., Vangel, M., Congleton, C., Yerramsetti, S. M., Gard, T., & Lazar, S. W. (2011). Mindfulness practice leads to increases in regional brain gray matter density. *Psychiatry Research: Neuroimaging, 191*(1), 36–43. https://doi.org/10.1016/j.pscychresns.2010.08.006

Hölzel, B. K., Lazar, S. W., Gard, T., Schuman-Olivier, Z., Vago, D. R., & Ott, U. (2011). How does Mindfulness meditation work? Proposing mechanisms of action from a conceptual and neural perspective. *Perspectives on Psychological Science, 6*(6), 537–559. https://www.jstor.org/stable/41613530

Hougaard, R., & Carter, J. (2016, 4 de marzo). *How to practice Mindfulness throughout your work day.* Harvard Business Review. https://hbr.org/2016/03/how-to-practice-Mindfulness-throughout-your-work-day

Ivey, P., McGuire, R., & Lattner, A. (2015, 29 de julio). *Mind over matter.* Training & Conditioning. https://training-conditioning.com/article/mind-over-matter-d36/

Jiménez-Picón, N., Romero-Martín, M., Ponce-Blandón, J. A., Ramirez-Baena, L., Palomo-Lara, J. C., & Gómez-Salgado, J. (2021). The relationship between Mindfulness and emotional intelligence as a protective factor for healthcare professionals: Systematic review. *International Journal of Environmental Research and Public Health, 18*(10), 5491. https://doi.org/10.3390/ijerph18105491

Johns Hopkins Medicine. (2022). *Brain anatomy and how the brain works.* Hopkinsmedicine.org. https://www.hopkinsmedicine.org/health/conditions-and-diseases/anatomy-of-the-brain

Kabat-Zinn, J. (1994). *Wherever you go, there you are: Mindfulness meditation in everyday life.* Hyperion.

Kabat-Zinn, J. (2013). *Full catastrophe living: Using the wisdom of your body and mind to face stress, pain, and illness.* Bantam Books.

Katella, K. (2022, 31 de mayo). *How to be more resilient: 8 strategies for difficult times.* Yale Medicine. https://www.yalemedicine.org/news/resilience-strategies-pandemic

Kraemer, K. M., Jain, F. A., Mehta, D. H., & Fricchione, G. L. (2022). Meditative and Mindfulness -focused interventions in neurology: Principles, science, and patient selection. *Seminars in Neurology, 42*(02), 123–135. https://doi.org/10.1055/s-0042-1742287

Kylie, U. (2018, 22 de febrero). *The unconscious brain - finding clarity during unconsciousness.* Michiganmedicine.org. https://www.michiganmedicine.org/health-lab/what-happens-brain-during-unconsciousness

Maldonado, K. A., & Alsayouri, K. (2023). *Physiology, brain.* PubMed; StatPearls Publishing. https://www.ncbi.nlm.nih.gov/books/NBK551718/

Marie, S. (2022, 25 de marzo). *All about mindful parenting.* Psych Central. https://psychcentral.com/health/mindful-parenting#definition

Mayo Clinic. (2021, 4 de febrero). *Traumatic brain injury - symptoms and causes.* Mayo Clinic. https://www.mayoclinic.org/diseases-conditions/traumatic-brain-injury/symptoms-causes/syc-20378557

Mayo Clinic. (2021, 24 de marzo). *Stress management*. Mayo Clinic; Mayo Clinic. https://www.mayoclinic.org/healthy-lifestyle/stress-management/in-depth/stress-symptoms/art-20050987

Newberg, A. B. (2011). Spirituality and the aging brain. *Generations: Journal of the American Society on Aging, 35*(2), 83–91. https://www.jstor.org/stable/26555779

Pacheco, D., & Callender, E. (2021, 15 de enero). *Bedtime routines for children*. Sleep Foundation. https://www.sleepfoundation.org/children-and-sleep/bedtime-routine

Puderbaugh, M., & Emmady, P. D. (2023). *Neuroplasticity*. PubMed; StatPearls Publishing. https://www.ncbi.nlm.nih.gov/books/NBK557811/

R. Morgan Griffin. (2010, 11 de mayo). *10 health problems related to stress that you can fix*. WebMD; WebMD. https://www.webmd.com/balance/stress-management/features/10-fixable-stress-related-health-problems

Raio, C. M., Orederu, T. A., Palazzolo, L., Shurick, A. A., & Phelps, E. A. (2013). Cognitive emotion regulation fails the stress test. *Proceedings of the National Academy of Sciences, 110*(37), 15139–15144. https://doi.org/10.1073/pnas.1305706110

Regan, S. (2023, 26 de julio). *21 grounding techniques to try the next time you feel stressed out*. Mindbodygreen. https://www.mindbodygreen.com/articles/how-to-ground-yourself

Reid, M. C., Eccleston, C., & Pillemer, K. (2015). Management of chronic pain in older adults. *BMJ: British Medical Journal, 350*. https://www.jstor.org/stable/26518254

Rupprecht, S., Koole, W., Chaskalson, M., Tamdjidi, C., & West, M. (2019). Running too far ahead? Towards a broader understanding of Mindfulness in organisations. *Current Opinion* in *Psychology, 28,* 32–36. https://doi.org/10.1016/j.copsyc.2018.10.007

Segal, Z. V., Williams, J. M. G., & Teasdale, J. D. (2002). Mindfulness-based cognitive therapy for depression: A new approach to preventing relapse. Guilford Press.

Segal, J., Smith, M., Robinson, L., & Shubin, J. (2023, 28 de febrero). *Improving emotional intelligence (EQ).* HelpGuide. https://www.helpguide.org/articles/mental-health/emotional-intelligence-eq.htm

Semeco, A. (2017). *20 simple ways to fall asleep as fast as possible.* Healthline. https://www.healthline.com/nutrition/ways-to-fall-asleep

Sevinc G, Hölzel BK, Hashmi J, Greenberg J, McCallister A, Treadway M, Schneider ML, Dusek JA, Carmody J, Lazar SW (2018). Common and Dissociable Neural Activity After Mindfulness-Based Stress Reduction and Relaxation Response Programs. Psychosom Med, 80(5):439-451. doi: 10.1097/PSY.0000000000000590.

Sivadas, A., & Broadie, K. (2020). How does my brain communicate with my body? *Frontiers for Young Minds, 8*(540970). https://doi.org/10.3389/frym.2020.540970

Straw, E. (2023, 29 de mayo). *Visualization techniques for athletes-Success starts within.* Successstartswithin.com. https://www.successstartswithin.com/blog/visualization-techniques-for-athletes

Tang, Y.-Y. ., Lu, Q., Fan, M., Yang, Y., & Posner, M. I. (2012). Mechanisms of white matter changes induced by meditation. *Proceedings of the National Academy of Sciences, 109*(26), 10570–10574. https://doi.org/10.1073/pnas.1207817109

Toussaint, L., Nguyen, Q. A., Roettger, C., Dixon, K., Offenbächer, M., Kohls, N., Hirsch, J., & Sirois, F. (2021). Effectiveness of progressive muscle relaxation, deep breathing, and guided imagery in promoting psychological and physiological states of relaxation. *Evidence-Based Complementary and Alternative Medicine*, *2021*(1), 1–8. https://doi.org/10.1155/2021/5924040

Valluri, J., Gorton, K., & Schmer, C. (2024). Global meditation practices: A literature review. *Holistic Nursing Practice*, *38*(1), 32–40. https://doi.org/10.1097/HNP.0000000000000626

Volpe, A. (2020, 29 de diciembre). *Science says you need to plan some things to look forward to*. Vice.com. https://www.vice.com/en/article/7k9wvb/science-says-you-need-future-plans-to-look-forward-to-during-pandemic

Walker, M. P. (2006). Sleep to remember: The brain needs sleep before and after learning new things, regardless of the type of memory. naps can help, but caffeine isn't an effective substitute. *American Scientist*, *94*(4), 326–333. https://www.jstor.org/stable/27858801

Walker, M. P. (2018). *Why we sleep*. Penguin Books.

Wein, H. (2021, 29 de marzo). *Good sleep for good health*. NIH News in Health. https://newsinhealth.nih.gov/2021/04/good-sleep-good-health

Wong SH, Pontillo G, Kanber B, Prados F, Wingrove J, Yiannakas M, Davagnanam I, Gandini Wheeler-Kingshott CAM, Toosy AT (2024). Visual Snow Syndrome Improves With Modulation of Resting-State Functional MRI Connectivity After Mindfulness-Based Cognitive Therapy: An Open-Label Feasibility Study. J Neuroophthalmol, 44(1):112-118. doi: 10.1097/WNO.0000000000002013

Zelazo, P. D., & Lyons, K. E. (2011). Mindfulness training in childhood. *Human Development*, *54*(2), 61–65. https://www.jstor.org/stable/26764991

Referencia de las imágenes

Las ilustraciones al final de cada capítulo fueron creadas usando Midjourney www.midjourney.com y estoy agradecida por esta herramienta que me ayudó a expresar mi visión de estas imágenes.

www.ingramcontent.com/pod-product-compliance
Lightning Source LLC
Chambersburg PA
CBHW072012070526
44583CB00015B/1447